21世纪中国高等教育区域化发展报告

夏鲁惠　王宪华　原松华　著

山东大学出版社

图书在版编目(CIP)数据

21世纪中国高等教育区域化发展报告/夏鲁惠,王宪华,原松华著.
—济南:山东大学出版社,2013.12
ISBN 978-7-5607-4967-9

Ⅰ.①2…
Ⅱ.①夏… ②王… ③原…
Ⅲ.①高等教育—发展—研究报告—中国
Ⅳ.①G649.21

中国版本图书馆CIP数据核字(2013)第306606号

责任策划:刘旭东
责任编辑:姜　明
封面设计:张　荔

出版发行:山东大学出版社
社　址　山东省济南市山大南路20号
邮　编　250100
电　话　市场部(0531)88364466
经　销:山东省新华书店
印　刷:山东新华印务有限责任公司印刷
规　格:720毫米×1000毫米　1/16
8印张　131千字
版　次:2013年12月第1版
印　次:2013年12月第1次印刷
定　价:20.00元

序　言

改革开放30多年来，特别是新世纪以来，我们党领导全国人民高举中国特色社会主义伟大旗帜，坚定不移地实施科教兴国战略和人才强国战略，坚持教育优先发展，切实加大高等教育投入，不断推进高等教育改革和发展。2012年全国财政性教育经费支出达2.2万亿元，占国内生产总值的比例达到4%。高等教育人才培养体制改革、考试招生制度改革、建设现代学校制度、办学体制改革、管理体制改革等取得了一系列进展。我国已成为高等教育大国，正在向高等教育强国迈进。

党的十八大报告把教育放在改善民生和加强社会建设之首，强调要“努力办好人民满意的教育”，“推动高等教育内涵式发展”。贯彻落实十八大精神，就是要全面推动高等教育事业科学发展，使高等教育更加适应国家经济社会发展的需要。要实现高等教育科学发展、内涵式发展，需要统筹好高等教育与经济社会的协调发展、区域高等教育的协调发展、各级各类高等教育的协调发展。因此，加强对改革开放30多年来，特别是新世纪以来我国高等教育改革发展经验的总结和现状的研究，具有重要的现实意义。

夏鲁惠等同志撰写的《21世纪中国高等教育区域化发展报告》，从实施区域协调发展专项计划、优化地区高等教育布局、推动高等教育与地区经济社会协调发展、促进地区普通高等教育的供需平衡、统筹各级各类高等教育发展、提升地区高等教育科研服务能力、加大地区高等教育经费投入力度、地区高等教育人口比例普遍提高等方面，对新世纪以来我国高等教育区域化发展历程和取得的进展进行了系统的回顾，对地区高等教育发展状况进行了很好的分析。不难发现，我国高等教育区域化发展已经取得了明显的进展，具体体现在：各级各类高等学校的区域布局更加明显，高等教育管理权进一步向地方政府转移；由省级政府举办、归省级教育行政部门管理、服务于地区经济发展的地方高等学校得到了迅速发展；高等教育与地方经济、社会、文化的关系越来越紧密，高校人才培养、科学研究、社会服务更加致力于地区经济社会发展；地方政府和社会各界对区域高等教育发展给予了更大的关注和支持。

高等教育与地区经济发展之间存在着明显的互动关系。地区经济的加速发展带动了地方高等教育的超常规发展；而高等教育的大众化、多样化发展，又反过来为地区经济发展提供了人力资源和科技支撑。但两者之间究竟是一种什么样的互动关系，至今没有明确的说法。本书的主要亮点之一，就是对这个问题进行了比较全面和深入的分析。第一，本书分析了地区普通高等教育办学规模与地区经济发展水平之间的相关性，并对各地区的状况进行了分析。第二，本书分析了普通高等教育办学规模与地区城镇化的相关性，明确了我国地区高等教育程度人口增量和存量之间的关系，为判断地区高等教育办学规模的合理性提供了有益的依据。第三，本书分析了地区普通高等教育本专科在校生结构与地区高等教育程度就业人员结构的相关性，反映了新世纪以来高等教育在扩大办学规模的同时进行结构优化的最新进展，为高等教育内涵式发展提供了参考。

教育是民族振兴、社会进步的基石，是提高国民素质、促进人的全面发展的根本途径。党的十八大对我国教育工作作出了重大部署，提出了明确要求。开展高等教育区域化发展研究，有助于总结我国高等教育区域化发展的经验，深刻认识高等教育改革发展的方向和重点，更好地推进我国高等教育内涵式发展。

国务院发展研究中心副主任 张军扩

目　录

绪　论
世纪之交高等教育区域化发展形势

20 世纪 90 年代中后期，是我国高等教育改革发展的重要历史时期。在这段时间里，国家出台了一系列重大的宏观教育政策，高等教育办学体制、管理体制改革取得了重大进展，为新世纪高等教育区域化奠定了良好的基础。

高等教育区域化发展主要是指省级行政区划内的高等教育发展。高等教育区域化发展包括了以下几层意思：各级各类高等学校的区域布局进一步优化，高等教育管理权进一步向地方政府转移；由省级政府举办，归省级政府教育行政部门管理，服务于所在省(直辖市、自治区)经济发展的地方性高等教育得到了进一步发展；高等学校布局从区域中心城市向地级城市延伸，使高校人才培养重心进一步下移；高等教育办学规模更加适应区域经济社会发展规模和速度的要求，高等教育办学类型更加具有区域特色；地方政府和社会各界对区域高等教育发展给予了更大的关注和支持。

第一节　科教兴国战略为区域化发展指明了方向

1995 年 5 月 6 日，中共中央、国务院颁布了《中共中央国务院关于加速科学技术进步的决定》，首次提出在全国实施“科教兴国”战略。“科教兴国，是指全面落实科学技术是第一生产力的思想，坚持教育为本，把科技和教育摆在经济、社会发展的重要位置，增强国家的科技实力及实现生产力转化的能力，提高全民族的科技文化素质。”为此，国家加大了财政性教育经费拨款力度。1995～2000年，财政性教育经费投入规模分别达到1411.52亿元、1671.7亿元、1862.54亿元、2032.45亿元、2287.18亿元、2562.61亿元，占GDP的比重分别达到2.32%、2.35%、2.36%、2.41%、2.55%、2.58%。1999年，中央决定从1998年起到2002年的5年中，把中央本级财政支出中教育经费所占比例每年提高1个百分点，表明了中央政府支持教育事业、实施科教兴国战略的决心。

为了实现党的十五大所确定的目标与任务，落实科教兴国战略，全面推进教育的改革和发展，提高全民族的素质和创新能力，教育部于1998年12月颁布了《面向21世纪教育振兴行动计划》。《计划》指出，高等学校要在国家创新工程中充分发挥自身优势，努力推动知识创新和技术创新，加快技术开发，围绕经济建设中的共性关键技术开展科技攻关，为改造传统产业、调整产业结构、加强农业和农村工作、培育国家经济发展新的增长点服务。为此，《计划》提出了实施“高校高新技术产业化工程”、带动国家高新技术产业发展的三条建议：

(1)加强产学研合作，促进高等学校、科研院所和企业在技术创新和发展高科技产业中的结合。鼓励企业在高等学校建立工程研究中心、生产力促进中心等技术集成与扩散的示范中心，开发高新技术产品。鼓励高等学校向企业转让技术，或利用现有中小企业兴办高新技术企业，探索企业与高校从立项到投产“一条龙”的全面合作。

(2)创造条件在高等学校周围，特别是高等学校集中的地区建立高新技术产业化基地，发展科技园区，成为有目的地吸引国外高新技术企业、引进国外高新技术最新成果的窗口，并发挥科技开发“孵化器”的作用。

(3)按照现代企业制度方式，组建一批以高校为依托的高科技产业集团。鼓励高等学校兴办高新技术企业，带动高新技术产业的发展，形成新的经济增长点，成为培养创新人才的实践基地。《计划》的颁布和实施，极大地推动了高等教育区域化进程。

1999年前后，从政府部门到高校、社会，大家都在思考和热议一个问题：把什么样的高等教育带入21世纪？在这样一个历史关键时刻，中央于1999年6月13日颁布了《中共中央国务院关于深化教育改革，全面推进素质教育的决定》，并于6月15日召开了第三次全国教育工作会议。《决定》指出，要努力改变教育与经济、科技相脱节的状况，促进教育和经济、科技的密切结合。要加强产学研结合，大力推进高等学校和产业界以及科研院所的合作，鼓励有条件的高等学校建立科技企业，企业在高等学校建立研究机构，高等学校在企业建立实习基地。要采用多种形式，使高等学校科研机构进入企业，提高高等学校科技成果的转化率，加快实用科技成果向企业的转移，增强企业的技术创新能力。要创建若干所具有世界先进水平的一流大学和一批一流学科，在高等学校建设一批既出人才、又出成果的基础研究和应用研究基地，为国家创新体系建设和现代化建设作出贡献。

《决定》的颁布和中央教育工作会议的召开，为我国新世纪前 10 年高等教育区域化发展指明了方向。

第二节　高等教育体制改革为区域化发展奠定了基础

进入 20 世纪 90 年代以后，国家针对原有的高等教育管理体制中条块分割、重复设置、布局结构不合理等弊端，进行了多年的改革实验。

1995 年，原国家教委下发了《关于深化高等教育体制改革的若干意见》。《若干意见》对中央部门和地方政府共同建设、共同管理高等学校、淡化高校单一隶属关系的改革试验予以充分肯定。同时，积极主张开展多种形式的高校间的合作办学，实现资源互补、学科交叉、协同发展，共同提高办学水平和效益。“争取到 2000 年或稍长一点时间，基本形成举办者、管理者和办学者职责分明，以财政拨款为主、多渠道经费投入，中央和省、自治区、直辖市人民政府两级管理、分工负责，以省、自治区、直辖市人民政府统筹为主，条块结合的体制框架。”“要逐步扩大省、自治区、直辖市人民政府对本地区所有高等学校的统筹、协调管理权。”《若干意见》的下发推动了高等教育的区域化进程。这一期间最为突出的，是以“共建、划转、合并、合作办学和协作办学”为主要途径实施的高等教育管理体制改革。

“共建”就是中央部门与地方政府共同建设、共同管理高等学校。例如，1996 年，江苏省金坛市政府与东南大学共建“东南大学金坛学院”，湖北省仙桃市政府与华中师范大学共建“华中师范大学仙桃学院”等。“共建”加强了部属高等学校与地方经济社会的联系，有效地调动了部属高校为地区社会、经济、科技服务的积极性。地方政府充分认识到部属高校在高素质人才培养、科技成果转化、创造更好的投资环境等方面所发挥的作用，不惜投入巨资进行共建，并且为学校建设提供了许多优惠条件和帮助，使部属高校办学条件有了很大的改善。省以下的地、县与部属、省属高校实行共建，合办分校或二级学院，大型企业与高校共建重点实验室等方式也相当普遍。共建使高校拓宽了服务面向，能更紧密地与地方经济社会发展结合起来。例如，原国家教委与福建省政府、厦门市政府共建厦门大学后，省政府从 1996 年到 2000 年，每年向厦门大学拨款 900 万元，厦门市政府每年拨款 1500 万元。同时，省政府决定在厦门大学建立财经学院、艺术学院，厦门市政府则决定建立工学院、医学院，推进了厦门大学的新发展。

“划转”是指中央部委所属高校转由地方政府管理。一些转由地方管理的高校与地方其他学校再合并。这项工作促进了划转学校服务于地方的经济建设和社会发展，并根据需要调整原有的学科、专业结构。到 2000 年，中央部门所属高校转由地方管理或以地方管理为主的高校总计 360 所（其中普通高校 205 所）。

“合并”是指部分学科互补的，或一些规模较小、科类单一、设置重复的高校进行合并重组。通过合并，使部分地区高等学校重复设置、单科性学校过多、办学规模过小的状况有所改善。1993 年到 2000 年，全国共有 556 所高等学校（普通高校 387 所，成人高校 169 所）经合并调整为 232 所（普通高校 212 所，成人高校 20 所）。例如，原四川大学与成都科技大学合并为四川联合大学（现改为四川大学）、原江西大学和江西工学院合并为南昌大学、原上海工业大学等 5 所学校合并为上海大学，等等。这项工作使高等教育结构得到优化，高等教育资源得到有效配置。

“合作办学”是指同一区域内的若干所高校，在教学上实行资源共享、优势互补、协调发展的合作。如广州石牌地区 6 校、北京东北部 5 校、上海西南地区 7 校开展合作办学。到 2000 年，全国共有 317 所高校开展了校际间的合作办学，形成了 227 个合作办学体。合作办学的高校间实行“教育资源共享、优势互补、学校交流合作、协同发展、共同提高”的原则，打破了原来高等学校各自封闭办学、不合理的重复、自成体系的状况，有利于改善高等教育结构和高等学校学科氛围，提高高等学校的办学水平和效益。①

除了区域高校间的合作办学外，高校与地方政府、企业间的合作办学也是推进高等教育区域化发展的重要因素。以大学科技园建设为例。为了贯彻落实中共中央、国务院《关于加强技术创新，发展高科技，实现产业化的决定》，1999 年 9 月科技部、教育部下发《关于组织开展大学科技园建设试点的通知》(国科发高字[1999]385 号)，启动了大学科技园建设工作。大学科技园是以大学特别是研究型大学为依托，以转化科技成果、孵化高新技术企业、培养复合型人才为主要任务的科技企业孵化器组织形式，是大学教学和科研工作联系社会的桥梁、孵化高新技术企业的基地、培养创新人才的学校、创新要素资源汇集的中心。各地政府、高等学校高度重视大学科技园建设，先后有 20 多个省、直辖市、自治区的数十所高等学校提出了国家大学科技园建设试点申请。经过对各试点申请单位的综合评议，并适当考虑不同建园模式和地域分布等因素，最终确定了首批 15 个大学科技园试点单位。

“协作办学”是指企业、企业集团、科研院所参与高校办学，目的在于加强学校与企业、科研单位的联系，增强学校的办学活力，促进产学研一体化进程。一些参与办学单位与学校主管部门共同建立校董事会或校务管理委员会，积极参与学校的办学与管理，企业和科研单位在设备、经费、社会实践等方面给学校支持，高校则通过人才培养、科研成果转化，为企业服务，为地方服务。到 2000 年，全国有 241 所高校与 5000 多家企事业单位实行了实质性协作办学。②

1997 年，党的十五大明确提出：“加快高等教育管理体制改革的步伐。”1998 年 1 月，国务院在扬州召开全国高等教育管理体制改革经验交流会，提出了“共建、调整、合作、合并”八字方针。主要精神是：

(1)以共建、合并等联合办学为主要形式，淡化和改变学校单一的隶属关系，由“条块分割”转变为“条块有机结合”，优化资源配置，扩大学校投资渠道，适当调整学校服务面向，逐步建立起布局结构合理、学科门类齐全、规模效益好、教育质量高、适应社会主义市场经济体制和现代化建设需要的高等教育体系。

(2)逐步建立起举办者、管理者、办学者三者职责分明，以财政拨款为主

---

① 蔡克勇：《20 世纪的中国高等教育(体制卷)》，高等教育出版社 2003 年版，第 209 页。

② 蔡克勇：《20 世纪的中国高等教育(体制卷)》，高等教育出版社 2003 年版，第 209 页。

多渠道投入，中央和省级人民政府两级管理、分工负责，以省级政府统筹为主，条块有机结合的新体制。

(3)形成“三个布局结构合理”的新格局。一是三类覆盖面的高校(面向全国、面向大区、面向本省本地区)结构布局合理；二是三种不同办学层次的高校(教学科研型学校、以本科教学为主的学校、高等专科学校和高等职业技术学校)结构布局合理；三是三种不同类型的高校(综合性、多科性、单科性)结构布局合理。

1998年，国务院所属中央国家机关机构改革启动，给高等教育办学体制改革带来了前所未有的机遇，并极大地推动了“共建、调整、合作、合并”的进程。而1999年颁布的《中共中央国务院关于深化教育改革，全面推进素质教育的决定》，为建立新世纪我国高等教育区域化管理体制奠定了可靠的保证。《决定》明确提出，要进一步简政放权，加大省级人民政府发展和管理本地区教育的权力以及统筹力度，促进教育与当地经济社会发展紧密结合。继续按照“共建、调整、合作、合并”的方式，基本完成高等教育管理体制和布局结构的调整，形成中央和省级人民政府两级管理、以省级人民政府管理为主的新体制，合理配置教育资源，提高教育质量和办学效益。经国务院授权，把发展高等职业教育和大部分高等专科教育的权力以及责任交给省级人民政府，省级人民政府依法管理职业技术学院(或职业学院)和高等专科学校。高等职业教育(包括高等专科学校)的招生计划改由省级人民政府制定，其招生考试事宜由省级人民政府自行确定。

1998～2000年，高等学校管理体制改革和布局结构的调整，使我国高等教育办学体制改革取得了突破，基本形成了中央和地方两级政府办学，以省级政府统筹为主，条块有机结合的体制框架。除教育部和少数部委，国务院部门和单位不再直接管理学校，彻底改变了中央部门、单位(条)和地方政府(块)分别办学、分割管理的局面。

以上海市为例。20世纪90年代初，上海市共有50多所普通高校，分属20个中央部委、14个市属委办局，校均规模2600人。经过共建、合并、划转、调整、合作等改革，普通高校变为38所，校均规模增加到4300人。上海市与9所中央部委在沪高校实行“共建共管”后，加大了对这些学校的政策性补贴，共建院校也加强了面向地方服务的功能。

第三节　高等职业教育发展受到重视

1994年,全国教育工作会议明确提出“通过现有的职业大学、部分高等专科学校和独立设置的成人高校改革办学模式,调整培养目标来发展高等职业教育。仍不满足时,经批准利用少数具备条件的重点中等专业学校改制或举办高职班等方式作为补充来发展高等职业教育”的基本方针。这就是著名的“三改一补”发展高职的方针。

1997年,为了明确高职学校的发展方向和规范校名,原国家教委在《关于高等职业学校设置问题的几点意见》(教计[1997]95号)中明确提出,新建高等职业学校一般称为“职业技术学院”或“职业学院”,如深圳职业技术学院、邢台职业技术学院,同时鼓励其他通过改革、改组、改制发展高职教育的学校照此更名。

1999年国务院批转的教育部《面向21世纪教育振兴行动计划》提出:“要通过试点逐步把高等职业教育的招生计划、入学考试和文凭发放等方面的责权放给省级人民政府和学校,省级人民政府在国家宏观指导下,对本地区高等职业教育的现有资源进行统筹。”同年1月的《试行按新的管理模式和运行机制举办高等职业技术教育的实施意见》中决定:“在1999年普通高等教育年度招生计划中,安排10万人专门用于部分省(市)试行与现行办法有所不同的管理模式和运行机制举办高等职业技术教育。”国家采取的这两项重大的改革措施,加大了省级政府对本地区高等教育的决策权和统筹权。第一是授权省级政府按一定程序和标准批准设置高等职业学校,这有力地促进了高等教育区域化发展,有利于因地制宜培养大量生产经营管理第一线所需要的岗位型、技能型、操作型人才。第二是授权省级政府制定专科层次的招生计划,促进了人才培养工作更好地适应地方社会、经济的发展要求。

1999年6月,《中共中央国务院关于深化教育改革全面推进素质教育的决定》进一步指出:“现有的职业大学、独立设置的成人高校和部分高等专科学校要通过改革、改组和改制,逐步调整为职业技术学院。”“省、自治区、直辖市人民政府在对当地教育资源的统筹下,可以举办综合性、社区性的职业技术学院(或职业学院)。"《决定》的颁布,为新世纪我国高等职业教育加速发展,培养面向区域社会经济发展的岗位型、技能型、操作型人才奠定了基础。

第四节　民办高等教育兴起

上世纪90年代中后期,随着高等教育办学体制改革的深入,政府包揽办学的格局被打破,以政府办学为主体、社会各界共同办学的局面逐步形成。

1997年,国家颁布《社会力量办学条例》。《条例》指出:"社会力量应当以举办实施职业教育、成人教育、高级中等教育和学前教育的教育机构为重点。"《条例》一是强调了国家将继续坚持"积极鼓励、大力支持、正确引导、加强管理"的工作指导方针,二是就社会力量办学的举办和审批标准、收费标准、教学质量、管理体制等从五个方面作出了具体规定,从整体上、宏观上明确了社会力量办学的重点和方向。

1998年,国家颁布的《中华人民共和国高等教育法》规定:"国家鼓励企事业单位组织、社会团体及其他社会组织和公民等社会力量依法举办高等学校,参与和支持高等教育事业的改革和发展。"1999年,中央颁布的《中共中央国务院关于深化教育改革全面推进素质教育的决定》指出:要"进一步解放思想,转变观念,积极鼓励和支持社会力量以多种形式办学,满足人民群众日益增长的教育需求,形成以政府办学为主体,公办学校和民办学校共同发展的格局"。这些国家政策的出台,进一步改变了单一依靠国家拨款的状况,通过社会投资、民间集资、收取学费、科技开发、校办产业等各种渠道筹措办学经费,加快了"建立以国家财政拨款为主,多渠道筹措高等教育经费的新体制"的步伐,一个以公办高校为主,民办高校、民办公助、与境外合作办学等多种形式的办学新格局已经形成。

独立学院是在20世纪90年代出现的民办二级学院的基础上发展起来的,是我国高等教育办学体制、管理体制、办学模式的一大创新。1999年,我国高校开始大规模扩招。这一年成为独立学院快速发展的一年。为了实现扩招和满足社会接受高等教育的强烈需求,在政府财力不足和办学资源紧张的情况下,一些地方和高校试办了一批民办性质的二级学院,招收第二批次或第三批次的本科生(个别高校招收专科生),单独进行培养或分散到其他学院培养。其中,浙江、江苏、广东发展最快。例如,浙江省在1999年一年内成立了包括浙江大学城市学院在内的10多所二级学院。

1999年,教育部承认的具有颁发学历文凭资格的民办高校达到37所;高等学历文凭考试试点学校150多所,在校生近10万人;不具有颁发学历文凭资格的教育机构1000多个,基本属于高等教育自学考试助考辅导机构,在校生100余万人。

第五节　产学研合作办学成为区域化发展的重要途径

国家科教兴国战略的提出,开创了高校产学研合作办学的新局面。教育部于1998年12月颁布的《面向21世纪教育振兴行动计划》指出,高等学校要在国家创新工程中充分发挥自身优势,努力推动知识创新和技术创新,加快技术开发,围绕经济建设中的共性关键技术开展科技攻关,为改造传统产业、调整产业结构、加强农业和农村工作、培育国家经济发展新的增长点服务。为此,文件提出了三条举措:(1)加强产学研合作,促进高等学校、科研院所和企业在技术创新和发展高科技产业中的结合。鼓励企业在高等学校建立工程研究中心、生产力促进中心等技术集成与扩散的示范中心,开发高新技术产品。鼓励高等学校向企业转让技术,或利用现有中小企业兴办高新技术企业,探索企业与高校从立项到投产"一条龙"的全面合作。(2)在高等学校周围,特别是高等学校集中的地区建立高新技术产业化基地,发展科技园区,使其成为科技开发的"孵化器"。(3)鼓励高等学校兴办高新技术企业,并按照现代企业制度方式,组建一批以高校为依托的高科技产业集团,带动高新技术产业的发展。

1999年6月,中共中央、国务院下发的《中共中央国务院有关深化教育改革全面推进素质教育的决定》指出,要"努力改变教育与经济、科技相脱节的状况,促进教育和经济、科技的密切结合。高等教育实施素质教育,要加强产学研结合,大力推进高等学校和产业界以及科研院所的合作,鼓励有条件的高等学校建立科技企业,企业在高等学校建立研究机构,高等学校在企业建立实习基地。采用多种形式，使高等学校科研机构进入企业，提高高等学校科技成果的转化率，加快实用科技成果向企业的转移，增强企业的技术创新能力，培育新的经济增长点”。

在国家政策引导和地方政府的积极支持下，产学研合作办学的局面逐步开启。例如，高校与地方政府合建大学科技园区、高新技术开发区，成为地方高新企业孵化器；高校与企业共建研究开发机构（研究开发中心、工程研究中心、中试基地和研究所）；高校向企业转让科研成果；高校对社区内各类相关人员的职业技术培训服务，开展社区教育服务，等等。

第一章　实施区域协调发展专项计划

我国幅员辽阔，经济发展水平、人口与劳动力素质、文化教育基础具有明显的地区差别，加之较长时间内实行“向东倾斜，梯度推进”非均衡发展战略，使我国地区间高等教育发展出现了不平衡。

新世纪初，因地区间高等教育发展不平衡带来的问题逐步凸显。例如，各地的高考录取分数线差距不断扩大，高等教育公平问题凸显。在高校密集区域，同类学校间培养目标的过度重叠，形成了某些专业人才积压浪费和某些专业人才奇缺同时并存的局面。相反，虽然国家每年都鼓励大学毕业生去西部地区或老、少、边、穷等急需人才的地区，但由于人才流动的内在规律及各地区经济社会发展的非均衡，大学毕业生难以向这些地区自发流动。

地区间高等教育规模、结构存在一定的差异是正常的。但差异过大，就会造成高等教育发展失衡。因此，统筹地区高等教育协调发展，是实现我国高等教育全面、协调、可持续发展的必然要求。在科学发展观指引下，中央政府加大了统筹区域高等教育协调发展的力度。

第一节　“对口支援西部地区高等学校计划”

2000 年 1 月，国务院启动实施西部大开发工作。2000 年 10 月，中共十五届五中全会通过的《中共中央关于制定国民经济和社会发展第十个五年计划的建议》，把实施西部大开发、促进地区协调发展作为一项战略任务，强调:“实施西部大开发战略、加快中西部地区发展，关系经济发展、民族团结、社会稳定，关系地区协调发展和最终实现共同富裕，是实现第三步战略目标的重大举措。”

为了贯彻落实国家西部大开发战略，2001年6月教育部印发了《教育部关于实施“对口支援西部地区高等学校计划”的通知》（教高[2001]2号）。教育部从西部12省、区、市各选1所高校，再加上新疆建设兵团的石河子大学总共计13所高校作为受援对象，又选择北京大学、清华大学等13个部属和其他中央部属重点学校作为支援学校，组成一对一的对口支援计划，首次确定北京大学与石河子大学、清华大学与青海大学、中国农业大学与内蒙古农业大学等13对东西部高校建立对口支援关系。对口支援工作的重点包括：受援学校和支援学校一起做好受援学校的长远发展规划，如学校规划、学科建设等；加强受援学校的师资培养和交流；提高受援学校的管理水平；开展和推动合作研究，提高受援学校的科研水平；东部学校在图书设备方面积极支援西部学校。

为了进一步加快西部地区高等教育发展，2004年9月教育部、国务院西部开发办联合制定了《2004～2010年西部地区教育事业发展规划》。《规划》支持西部地区通过改建、扩建和新建等形式，发展一批特色高等职业技术学院，并且鼓励有条件的市（地）因地制宜举办综合性、社区性的职业技术学院，鼓励有条件的大型企业单独举办或与高等学校联合举办职业技术学院，支持适应走新型工业化道路要求和西部地区支柱产业发展需要的职业教育专业建设，继续支持西部每省（自治区、直辖市）重点办好一所较高水平的大学和培育一批知名学科，发挥龙头与辐射作用。

2005年，教育部印发《关于实施“援疆学科建设计划”的通知》，决定由武汉大学、西安交通大学等41所高校对口支援新疆大学、石河子大学等11所高校的82个一级学科建设。

2006年，教育部印发了《关于进一步深入开展对口支援西部地区高等学校工作的意见》，强调对口支援工作要深入贯彻落实科学发展观，切实把重点放在提高质量上，通过长期坚持、总体规划、分步实施，不断加强受援高校本科教学工作的基本建设，使受援高校在人才培养、科学研究、社会服务等方面不断上新台阶。同年，教育部、中央统战部、国家民委联合印发了《关于进一步加强教育对口支援西藏工作的意见》，提出加大对西藏高等学校的支援力度，由内地35所高等学校分别对口支援西藏大学、西藏民族学院、西藏藏医学院、西藏警官高等专科学校、西藏拉萨师范高等专科学校和西藏职业技术学院，实现了对西藏高校对口支援的全覆盖。

推动西部高等教育发展，提升教学质量是关键。为此，2007年教育部、财政部联合启动的“高等学校本科教学质量与教学改革工程”将“对口支援西部地区高等学校”项目作为六大建设项目内容之一，包括“对口支援教师进修和干部学习锻炼”和“对口支援工作数字化教室建设”两个项目。在教师进修和干部学习锻炼方面，教师进修一次以半年（5个月计算）为时间单位，每人次共资助1.5万元；教学管理干部学习锻炼一次以一年（10个月计算）为时间单位，每人次共资助4万元。在数字化教室建设方面，平均每个受援高校按照3～4个数字化教室加以建设，资助经费额度在70万元以内。截至2007年底，受援高校增至35所，覆盖全国16个省、自治区和直辖市，包括西部地区全部12省、自治区和直辖市，中部地区3省和东北地区1省；支援高校增至61所，覆盖全国18省、直辖市，包括东部地区8省、直辖市，西部地区3省、直辖市，中部地区4省和东北地区3省。这项计划的开展，极大地推动了西部区域高校人才培养工作、学科专业建设、师资队伍建设、学校管理制度与运行机制建设等开展，使受援高校的教学、科研和管理水平有了较大提高，为受援高校的长远发展奠定坚实基础。

为了贯彻落实中央新疆工作座谈会、中央第五次西藏工作座谈会精神和教育规划纲要，教育部创新对口支援模式，组建高校团队，对新疆、西藏高校进行了全方位支持。2010年年底和2011年年初，教育部相继印发了《关于进一步加强和推进对口支援新疆地区高等学校工作的若干意见》、《关于进一步加强和推进对口支援西藏自治区高等学校工作的若干意见》，提出了加强对口支援新疆、西藏地区高校的一揽子政策措施。组建了以北京大学、清华大学、中国人民大学、中国农业大学等为组长单位的17个高校团队，对口支援新疆大学、石河子大学、塔里木大学、西藏大学、西藏民族学院等17所高校。组织北京农业职业技术学院等30所高校对口支援新疆19所高职学校，实现了对新疆高校对口支援的全覆盖。2011年，教育部将西北民族大学、北方民族大学等5所国家民委所属高校纳入对口支援西部高校范围。截至2011年，支援高校已由2001年的13所扩展到94所，其中，77%的“985工程”大学参与了对口支援工作；受援高校由2001年的13所扩展到67所，覆盖了18个省（区、市）和新疆生产建设兵团。

经过10多年的发展，“对口支援西部地区高等学校计划”取得了丰硕的成果：

一是支援高校选派业务水平高、管理能力强的专家担任受援高校的校院两级领导、学科专业业务骨干，使受援高校的管理水平和教学水平得到了很大的提高。例如，清华大学先后推荐3位专家担任青海大学校长，浙江大学推荐1位专家担任贵州大学校长，北京大学先后推荐4位专家担任石河子大学副校长；西南交通大学连续选派2位优秀专家担任西藏大学工学院院长，武汉大学选派10位专家到新疆大学对口学院任职；北京中医药大学先后选派25名教授到西藏藏医学院和新疆医科大学任教，清华大学组织4批教授团到青海大学支教。

二是西部地区高校教师队伍水平得到很大的提升。10多年来，受援高校共选派了5000多名教师到支援高校进修学习，仅“十一五”期间，中央财政就投入了5520万元，资助近3000名受援高校教师到支援高校进修学习。受援高校教师学历结构进一步优化，具有博士学位的教师人数由1391人增加到5393人，具有硕士学位的教师人数由6201人增加到14275人。

三是支援高校积极支持和参与受援高校的教学改革和专业建设，推动了西部地区高校教学质量的提高。例如，上海交通大学通过“天地网项目”，使宁夏大学3000多名学生选修了该校4000多门次的网络课程，实现了优质资源共享；复旦大学启动实施了与云南大学合作培养高素质本科生计划，2010年、2011年复旦大学接收云南大学9个专业135名学生进行为期两年的学习；中国科学技术大学支持西南科技大学建立核科学技术等国防军工学科，形成了该校学科特色和办学特色；北京中医药大学等六所高校支持西藏藏医学院建设藏医学和藏药学专业，大力推动了藏医药产业发展；南京大学支持新疆伊犁师范学院物理学科快速发展，其中，凝聚态物理成为自治区重点学科；中国人民大学支持新疆财经大学建设新闻传播学学科，使之成为该校的重点学科。

四是受援高校科学研究和社会服务能力显著增强。受援高校的博士学位授权一级学科点已由2001年时的6个增加到现在的115个，博士学位授权二级学科点由102个增加到592个，硕士学位授权一级学科点由73个增加到632个，硕士学位授权二级学科点由773个增加到2229个。受援高校贵州大学、宁夏大学、西藏大学、青海大学、石河子大学已进入了国家“211工程”重点建设高校行列。受援高校教师与支援高校教师合作承担了300多项省部级以上科研项目，在青海三江源生态环境保护、宁夏沙漠化防治、中国西南山区和内蒙古草原农牧业技术攻关等方面取得了一批重大科研成果。

第二节　“省部共建计划”

受历史因素的影响，我国中西部区域部属高校数量偏少，除了鄂、陕、川、渝在20世纪50年代高等教育大区布局时中央部门高校布点较多、实力较强外，中西部区域其他各个省区高等教育整体实力还是偏弱。特别是在“211工程”建设初期，由于高等教育基础比较薄弱、条件暂不具备，西部某些省（区）没有一所高校进入“211工程”的建设行列。

为了深入落实科学发展观，缩小东西部高等教育的差距，促进高等教育的健康、协调和可持续发展，2004年教育部党组作出了一项决策：本着“一省一所”的原则，主要面向中西部无教育部直属高校的省（区），选择一批基础、条件都比较好的地方高校进行省部共建，加大对这些地区高等教育的指导、支持力度。

2004年2月23日，随着河南省人民政府同教育部共建郑州大学协议的签署，省部共建地方高校工作正式启动。迄今为止，教育部已同中西部区域省份签署了共建郑州大学、新疆大学、云南大学、广西大学、内蒙古大学、石河子大学、西藏大学、宁夏大学、青海大学、南昌大学、贵州大学、山西大学、河北大学、海南大学、河南大学、西北师范大学、西北大学、浙江工业大学、福州大学、黑龙江大学、江西师范大学、安徽大学、湖北大学等高校的协议。同时，为支持革命老区和少数民族地区高等教育事业的发展，教育部还同陕西省、湖南省、吉林省和江西省分别签署了省部共同重点支持延安大学、湘潭大学、延边大学、井冈山大学4所高校的协议。

在实施“省部共建计划”中，教育部采取的指导、扶持举措包括：（1）组织由高教界资深老领导和规划工作专家组成的专家组，对省部共建和重点支持的高校，进行发展战略规划的论证、咨询工作，对这些学校科学定位，明确发展目标、理清办学思路起了很重要的作用。（2）积极为共建高校争取专项经费支持。（3）吸收共建高校领导参加海外培训，培养战略眼光和战略思维。（4）组织有关部属高校对共建高校进行对口支援，提高共建高校的管理水平和教学科研水平。(5)在人才培养基地、重点学科、重点实验室、学位点等布点和建设上将共建高校纳入整体规划统筹考虑。后来，在新一轮"211工程"启动后，对共建的范围又作了适当的延展，贵州大学、宁夏大学、青海大学、西藏大学和石河子大学相继步入"211 工程"大学行列。

"省部共建计划"的实施，调动和发挥了中央、地方两个积极性。共同关注、重点支持中西部地方高校尤其是起带头作用的地方高校的发展，有利于实现优质教育资源合理配置，促进中西部高等教育发展，缩小中西部与东部高等教育的差距。

下面列出部分"省部共建计划"大学名单：

郑州大学(2004 年 2 月 27 日)
新疆大学(2004 年 3 月 11 日)
云南大学(2004 年 3 月 11 日)
广西大学(2004 年 3 月 18 日)
内蒙古大学(2004 年 5 月 14 日)
石河子大学(2004 年 5 月 25 日)
西藏大学(2004 年 9 月 20 日)
青海大学(2004 年 12 月 5 日)
南昌大学(2004 年 12 月 15 日)
贵州大学(2004 年 12 月 23 日)
山西大学(2004 年 12 月 24 日)
宁夏大学(2005 年 4 月 22 日)
延安大学(2005 年 6 月 9 日)
河北大学(2005 年 11 月 10 日)
湘潭大学(2005 年 12 月 17 日)
延边大学(2005 年 12 月 25 日)
海南大学(2007 年 12 月 24 日)
井冈山大学(2007 年 10 月 28 日)
河南大学(2008 年 10 月 17 日)
西北大学(2009 年 3 月 22 日)
西北师范大学(2009 年 3 月 16 日)
浙江工业大学(2009 年 6 月 8 日)

江西师范大学(2012 年 10 月 30 日)
黑龙江大学(2012 年 11 月 28 日)
湖北大学(2013 年 7 月 18 日)
安徽大学(2013 年 8 月 3 日)
西南科技大学(2013 年 8 月 29 日)
安徽师范大学(2013 年 10 月 29 日)

第三节 “支援中西部地区招生协作计划”

由于地区经济和社会发展的不平衡,高等教育资源分布的地区差异,中西部区域一些省份的高考录取率一直偏低。为了解决高等教育入学机会的区域差距问题,自 2006 年起,教育部采取了一系列宏观调控和政策引导措施:一是改进和完善招生计划安排模式,利用招生计划综合测算数学模型分配各地招生计划,努力做到高等教育招生计划分配的科学、公平和透明。二是在生源计划安排上,探索建立引导高教资源丰富的部分地区支援中西部地区的长效机制。三是加强对公共教育资源分配的宏观调控,要求中央部委高校在保持各地计划总量相对稳定的同时,将招生计划增量部分向中西部高等教育欠发达且生源质量好、数量多的地区倾斜。通过上述努力,取得了一定成效。例如,中西部区域有关省份普通高考录取率、每十万人口高等学校在校生等指标有所提高;高等教育入学机会的城乡差距呈现缩小趋势;直属高校生源计划投放的合理性和公平性不断加强,多数直属高校在属地的招生计划比例有所降低。

2008 年,为了贯彻落实党的十七大关于促进区域协调发展的要求,进一步促进高等教育入学机会公平,教育部党组研究决定实施“支援中西部地区招生协作计划”,即每年从全国普通高校招生计划中专门拿出一部分,安排给高等教育资源丰富的省份,由其所属公办高校承担,专门面向中西部高等教育资源缺乏、升学压力大的省份招生。

2008 年“支援中西部地区招生协作计划”安排 3.5 万人,全部为本科计划。根据各地高校基本办学条件和普通高考录取率等情况,由高教资源丰富、办学条件较好的天津、辽宁、上海等 11 个省份承担,面向预计录取率较低、高教资源缺乏的内蒙古、安徽、河南、贵州、甘肃等5个中西部省份招生。为给中西部学生提供更为良好的教育机会，同时考虑到这些地区人民群众的经济承受能力，教育部要求承担“协作计划”的11个省份将3.5万名招生计划全部安排在公办普通本科院校(二本院校)。

2009年“支援中西部地区招生协作计划”安排协作招生计划6万人，支援中西部地区。

2010年“支援中西部地区招生协作计划”安排12万人(其中本科7万人)，比2009年增加6万人。由高等教育资源丰富、办学条件较好的14个省份承担该计划，招生名额分配到高等教育资源缺乏、升学压力较大的山西、内蒙古、河南、安徽等8个中西部省(区)招生。具体如下：

(1)本科部分(见表1-1)

表1-1　2010年支援中西部地区本科招生协作计划　单位：人

协作计划输出地区	协作计划招生规模	协作计划输入地区及输入规模							
		山西	内蒙古	安徽	河南	广西	贵州	云南	甘肃
合计	70000	9200	2300	15800	18600	1800	8700	1800	11800
天津市	6000	789	197	1354	1594	154	746	154	1011
辽宁省	7000	920	230	1580	1860	180	870	180	1180
吉林省	3000	394	99	677	797	77	373	77	506
黑龙江	5300	697	174	1196	1408	136	659	136	893
上海市	4000	526	131	903	1063	103	497	103	674
江苏省	9000	1183	296	2031	2391	231	1119	231	1517
浙江省	3200	421	105	722	850	82	398	82	539
福建省	4000	526	131	903	1063	103	497	103	674
江西省	5100	670	168	1151	1355	131	634	131	860
山东省	7300	959	240	1648	1940	188	907	188	1231
湖北省	5000	657	164	1129	1329	129	621	129	843
广东省	7000	920	230	1580	1860	180	870	180	1180
海南省	800	105	26	181	213	21	99	21	135
重庆市	3300	434	108	745	877	85	410	85	556

(2)高职(专科)部分(见表1-2)

表1-2 2010年支援中西部地区高职(专科)招生协作计划 单位:人

协作计划输出地区	协作计划输出规模	协作计划输入地区及输入规模							
		山西	内蒙古	安徽	河南	广西	贵州	云南	甘肃
合计	50000	6500	1700	11200	13400	1200	6300	1200	8500
天津市	5000	650	170	1120	1340	120	630	120	850
辽宁省	5000	650	170	1120	1340	120	630	120	850
吉林省	2000	260	68	448	536	48	252	48	340
黑龙江	4200	546	143	941	1126	101	529	101	714
上海市	2000	260	68	448	536	48	252	48	340
江苏省	5600	728	190	1254	1501	134	706	134	952
浙江省	3000	390	102	672	804	72	378	72	510
福建省	3000	390	102	672	804	72	378	72	510
江西省	1500	195	51	336	402	36	189	36	255
山东省	7000	910	238	1568	1876	168	882	168	1190
湖北省	4000	520	136	896	1072	96	504	96	680
广东省	5400	702	184	1210	1447	130	680	130	918
海南	300	39	10	67	80	7	38	7	51
重庆市	2000	260	68	448	536	48	252	48	340

2011年,为了加强宏观调控,促进高等教育入学机会公平,教育部安排北京、天津、辽宁等15个支援省市继续面向山西、内蒙古、安徽、河南、广西、贵州、云南、甘肃等中西部8省区开展“支援中西部地区招生协作计划”,招生计划共15万名,比上一年增加3万名。

2012年“支援中西部地区招生协作计划”招生名额升至17万人,约占普通本专科总招生名额的2.5%。

2008～2012年,“协作计划”从3.5万人扩大到17万人,惠及内蒙古、山西、安徽、河南、广西、云南、贵州、甘肃等8个中西部省(区),相当于在东部地区建设了68所专门面向中西部考生、每年招生2500人的公办普通高校。在

“协作计划”的直接影响和引导带动下，2011 年中西部考生入学人数比 2007 年增加约 52 万人，8 个“协作计划”受援省的高考录取率均超过 60%，与全国平均水平的差距缩小到 10 个百分点左右，取得了很好的社会效应。

第四节　其他相关专项计划

一、“面向贫困地区定向招生专项计划”

为了贯彻落实党中央、国务院关于新阶段扶贫宏观战略部署，促进教育公平，增加贫困地区学生接受高等教育的机会，鼓励大学生毕业后回贫困地区就业创业和服务，为贫困地区发展提供人才和智力支撑，2012 年 3 月教育部、国家发展改革委、财政部、人力资源社会保障部、国务院扶贫办五部门下发了《关于实施面向贫困地区定向招生专项计划的通知》(教学[2012]2 号)，决定自 2012 年起，每年在全国普通高校招生计划中专门安排 1 万名左右招生计划，以本科一批高校为主，面向集中连片特殊困难地区生源，以农林、水利、地矿、机械、师范、医学以及其他适农涉农等贫困地区急需专业为主，采取单列计划、单设批次、单填志愿、单独划线的办法，实行定向招生，引导和鼓励学生毕业后回到贫困地区就业创业和服务。

为了把这项惠及广大农村贫困地区学生的政策落实到位，让更多勤奋好学的农村孩子看到更多的希望，2013 年“面向贫困地区定向招生专项计划”进一步得到充实：

一是扩大专项计划招生规模。2013 年，专项计划以农林、水利、地矿、机械、师范、医学及其他适农涉农等农村经济社会发展急需专业为主，招生规模扩大至 32100 名。其中：本科一批招生计划安排 30000 名，由中央部门高校和地方“211 工程”学校承担；高职计划安排 2100 名，维持 2012 年规模，由国家示范性(含骨干)高等职业学校承担。

二是扩大专项计划区域。2013 年，专项计划覆盖区域将在 2012 年面向 680 个集中连片特殊困难县(包括 371 个民族自治县、252 个革命老区县和 57 个陆地边境县)基础上，扩大到 832 个县(包括所有国家级扶贫开发重点县，含新疆生产建设兵团在新疆南疆三地州的 22 个团场)，以及重点高校录取比例相对较低的河北、山西、安徽、河南、广东、广西、四川、贵州、云南、甘肃等省份。

三是增加专项计划参与高校数。2013年,承担专项计划本科任务的高校由2012年的222所扩大到263所,覆盖所有“211工程”学校和108所中央部属高校。承担专项计划任务的中央部门高校,2013年录取农村学生比例比上一年至少提高2个百分点。

四是鼓励地方所属重点高校依据本地实际情况,进一步提高招收农村学生比例。

二、“中西部高等教育振兴计划”

中西部高等教育是我国高等教育的重要组成部分,普通高校数和在校生数接近全国的三分之二,但中西部高等教育仍然存在着诸多薄弱环节和突出问题,例如国家高水平大学和重点学科数量相对偏少、学科专业设置和师资队伍结构不尽合理、服务区域经济社会发展能力不强、教育观念相对落后、教育体制机制改革亟待深化等。提升中西部高等教育整体水平,促进中西部高等教育内涵式发展,是全面提高高等教育质量、加快推进高等教育强国建设的重大举措。

为了贯彻实施《国民经济和社会发展第十二个五年规划纲要》和《国家中长期教育改革和发展规划纲要(2010～2020年)》,国家发改委、教育部组织实施了“中西部高等教育振兴计划”。该工程以五年为一个周期,支持以中西部区域为主的24个省、自治区、直辖市的100所地方高校(入选高校大部分为省部共建高校、省属重点高校)。2012～2015年,中央将安排专项建设资金100亿元,并要求地方按照中部地区6∶4、西部地区8∶2的比例进行配套。

该工程的发展目标是:到2020年,中西部高等教育结构更加合理,特色更加鲜明,办学质量显著提升,建成一批有特色、高水平的高等学校。中西部高校办学条件得到根本改善;高层次人才培养和引进取得明显成效,教师队伍素质整体提升;学科专业建设和人才培养更加适应经济社会发展和人的全面发展需要;体制机制改革取得较大进展;国际化水平明显提高;文化传承创新能力显著增强;科学研究、科技成果转化对区域产业升级和社会发展的支撑度、贡献度大幅提升。

第二章　优化地区高等教育布局

地区高等教育布局是指地区各种类型、各种层次高等学校的设置和分布。地区高等教育布局是一个历史进程，既与国家的政治、经济、文化、教育发展紧密相关，也与地方经济社会发展水平、地区高等教育发展水平、地方高等教育经费投入规模等相关，是一个动态发展的、逐步优化的过程。

近年来，中央和地方两级政府加大了高等教育与区域经济社会协调发展的统筹力度，使地区高等教育布局不断优化。

第一节　地区普通高等学校布局

地区普通高等学校布局是指省级行政区域内独立设置的普通高等学校数。

普通高等教育是我国高等教育的主体。普通高等学校包括全日制大学、独立设置的学院和高等专科学校、高等职业技术学院等，一般以招收普通高中毕业生为主要培养对象。2012 年，全国共有普通高等学校 2442 所，其中普通本科院校 1145 所(含 303 所独立学院)，高职(专科)院校 1297 所；部委属高校 113 所，地方高校(含民办高校)2329 所。

为了反映地区普通高等学校布局优化成果，现根据教育部发展规划司编写的《中国教育统计年鉴》，列出各地区 2000 年、2010 年普通高等学校数(见表 2-1)。

表 2-1　　　　地区普通高等学校分布情况　　　　单位:所

地区	2000 年	2010 年
东部	**467**	**1046**
北京	58	87
天津	21	55
河北	51	110
辽宁	64	112
上海	37	67
江苏	69	150
浙江	35	101
福建	28	84
山东	47	132
广东	52	131
海南	5	17
中部	**325**	**748**
山西	24	73
吉林	34	56
黑龙江	35	79
安徽	42	111
江西	32	85
河南	52	107
湖北	54	120
湖南	52	117
西部	**249**	**564**
内蒙古	18	44
广西	30	70
重庆	22	53
四川	42	92

续表

地区	2000 年	2010 年
贵州	23	47
云南	24	61
西藏	4	6
陕西	39	90
甘肃	18	40
青海	7	9
宁夏	6	15
新疆	16	37

2000～2010 年，东部区域普通高等学校数由 467 所增加到 1046 所，增长 1.24 倍；中部区域普通高等学校数由 325 所增加到 748 所，增长 1.30 倍；西部区域普通高等学校数由 249 所增加到 564 所，增长 1.27 倍。参见图 2-1。

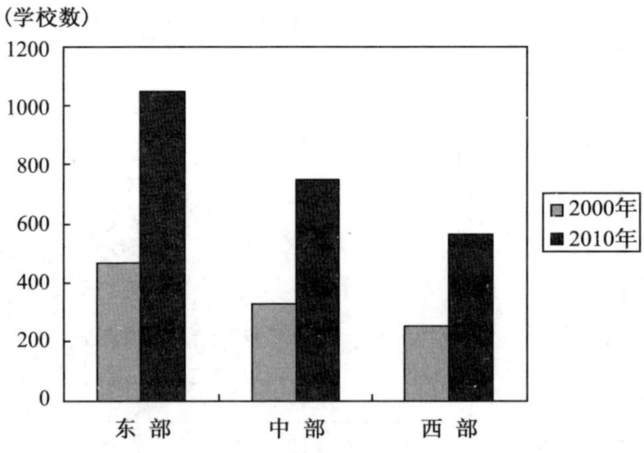

图 2-1　东、中、西部区域普通高校分布情况

就地区而言，2000～2010 年，普通高等学校数增长最快的是山西省，达到 2.04 倍。增长较快的省份有：浙江，1.89 倍；山东，1.81 倍；江西，1.66 倍；安徽，1.64 倍；天津，1.62 倍。各地区普通高等学校发展情况参见图 2-2、图 2-3、图 2-4。

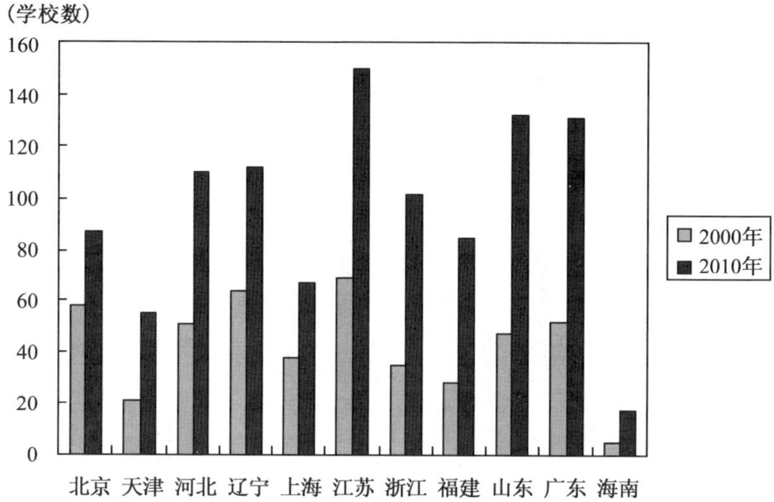

图 2-2　东部区域普通高校发展情况

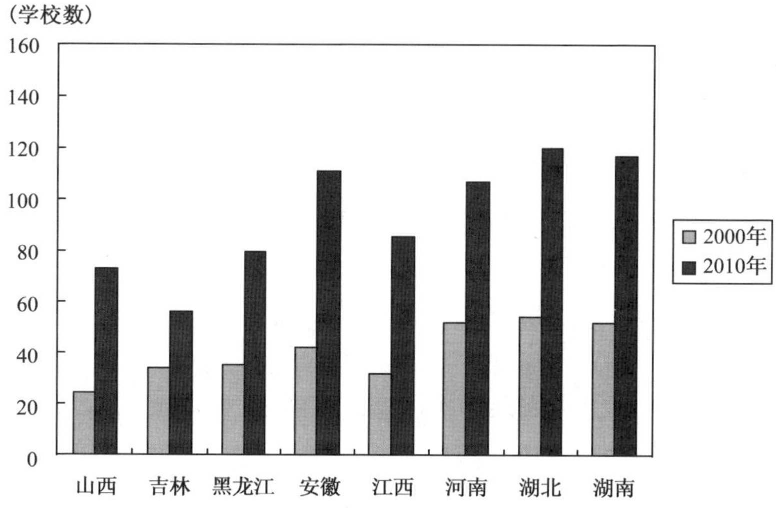

图 2-3　中部区域普通高校发展情况

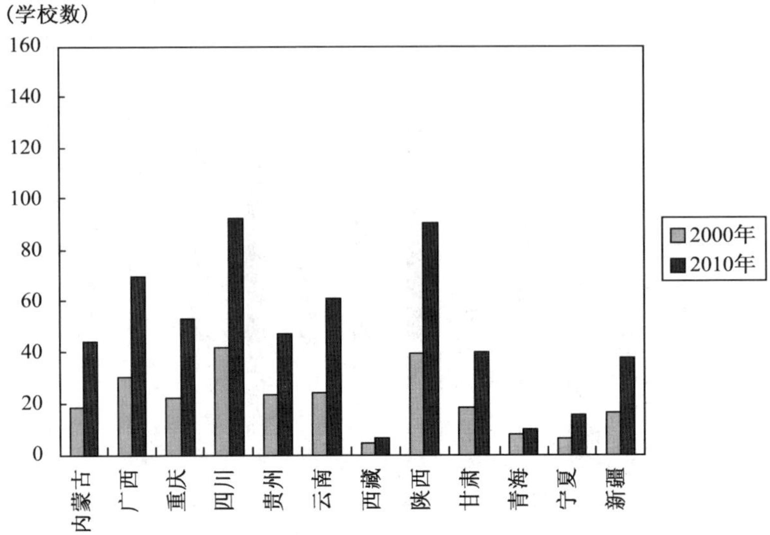

图 2-4　西部区域普通高校发展情况

2010 年,普通高等学校数最多的地区是江苏,达到 150 所。其次是山东、广东,分别是 132 所和 131 所。超过 100 所普通高校的地区还有湖北(120 所)、湖南(117 所)、辽宁(112 所)、安徽(111 所)、河北(110 所)、河南(107 所)、浙江(101 所)。

第二节　地区高等职业院校布局

高等职业院校(含专科学校)由省级政府按一定程序和标准批准设置,以培养生产、建设、服务、管理第一线的高端技能型专门人才为主要任务。随着我国高等职业教育办学体制、布局结构、专业设置、办学模式等方面改革的全面深化,一个集学历教育、培训、就业、社会福利等融为一体的高等职业教育体系正在形成。高等职业教育已经成为培养我国经济发展、产业升级换代迫切需要的高素质技能型人才的主力军。目前,每个地市至少拥有一所高等职业院校。

2012 年,全国高等职业院校(含专科)达到 1297 所。为了体现地区高等职业院校布局优化成果,现列出 2000 年、2010 年地区高等职业院校(含专科学校)分布情况。参见表 2-2。

表 2-2　　地区高等职业院校(含专科学校)分布情况　　单位:所

地区	2000 年	2010 年
东部	**182**	**526**
北京	4	25
天津	4	26
河北	30	58
辽宁	28	49
上海	14	31
江苏	29	79
浙江	15	46
福建	17	53
山东	18	72
广东	23	76
海南	0	11
中部	**159**	**416**
山西	10	47
吉林	15	19
黑龙江	13	44
安徽	24	69
江西	17	50
河南	25	62
湖北	23	54
湖南	32	71
西部	**101**	**304**
内蒙古	6	30
广西	17	41
重庆	8	31
四川	18	48
贵州	15	22
云南	10	35

续表

地区	2000 年	2010 年
西藏	0	3
陕西	10	39
甘肃	7	21
青海	3	5
宁夏	2	8
新疆	5	21

2000～2010 年，东部区域高职院校（含专科学校）数由 182 所增加到 526 所，增长 1.89 倍；中部区域高职院校（含专科学校）数由 159 所增加到 416 所，增长 1.62 倍；西部区域高职院校（含专科学校）数由 101 所增加到 304 所，增长 2.01 倍。参见图 2-5。

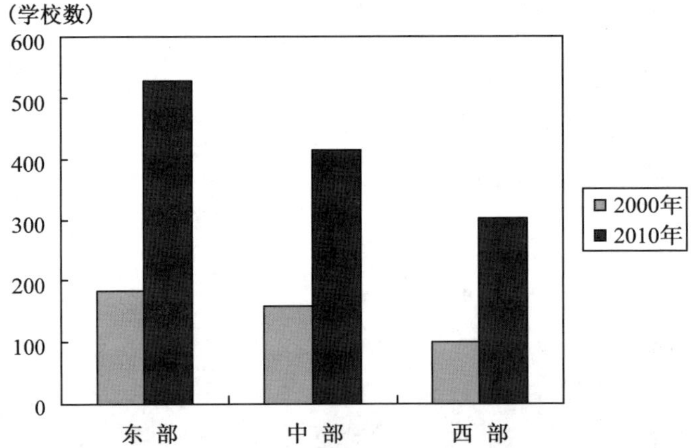

图 2-5　东、中、西部区域高职院校分布

新世纪头 10 年是我国高等职业教育快速发展的历史时期。就地区而言，2000 年海南、西藏还没有一所高职院校（含专科学校），2010 年已分别增加到 11 所和 3 所。2000～2010 年，高职院校数发展较快的地区是：天津，增长 5.5 倍；北京，增长 5.25 倍；内蒙古，增长 4 倍；山西，增长 3.7 倍；新疆，增长 3.2 倍；山东和宁夏，增长 3 倍。各地区高职院校发展情况参见图 2-6、图 2-7、图 2-8。

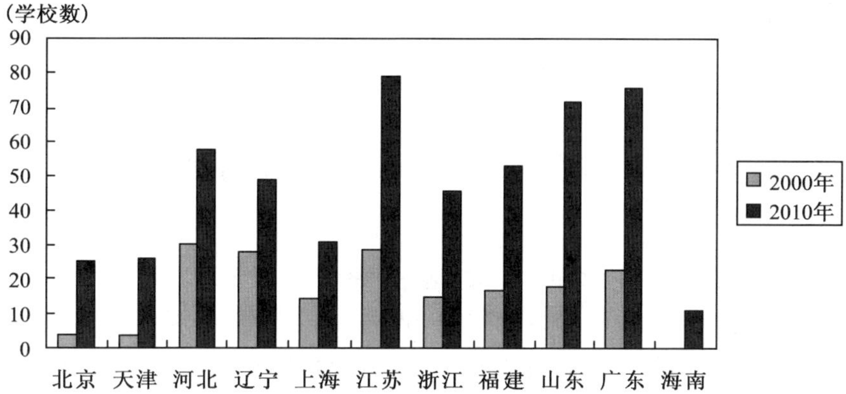

图 2-6　东部区域高职院校发展情况

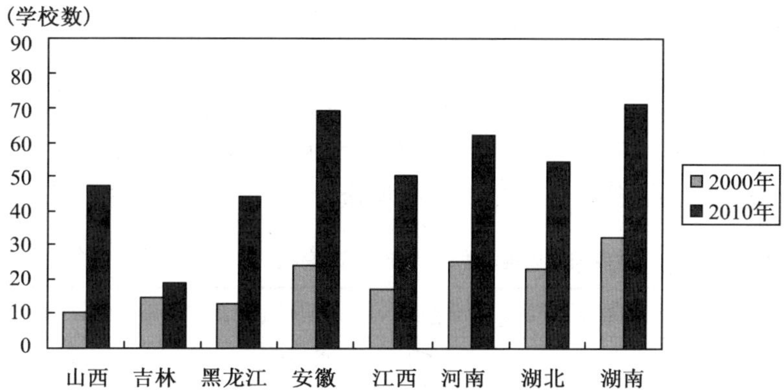

图 2-7　中部区域高职院校发展情况

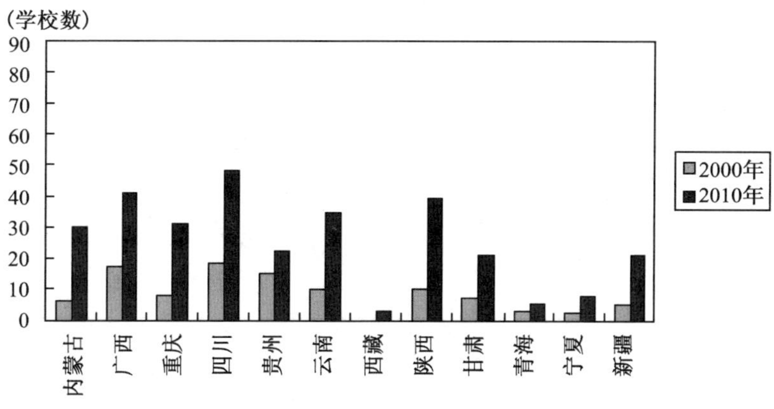

图 2-8　西部区域高职院校发展情况

2010 年，高职院校(含专科学校)数较多的地区有江苏(79 所)、广东(76 所)、山东(72 所)、湖南(71 所)、安徽(69 所)、河南(62 所)。

第三节　地区地级城市普通高校布局

地级城市是指中心城市以下的地区(州、盟)所在地城市及其所辖县市(中心城市包括各省会城市以及大连、青岛、宁波、厦门、深圳五个计划单列市)。近年来，随着“中央和省级政府两级管理、以省级政府管理为主”的高等教育管理体制和“在国务院的领导下，分级管理、地方为主、政府统筹、社会参与”的职业教育管理体制的确立和不断完善，普通高等学校布局逐步向地级城市延伸，这是高等教育区域化发展的结果。大力发展地级城市高等教育，有利于为地级城市经济社会发展提供丰富的人力资源以及技术支撑。

根据教育部 2013 年 4 月公布的全国普通高校名单，现将地区普通本科院校、高等职业院校、独立学院在地级城市的分布情况(北京、天津、上海、重庆四个直辖市的普通高校均按在中心城市分布)列表如下(表 2-3)。

表 2-3　　2013 年地区地级城市普通高校分布情况　　单位：所

地区	普通本科院校	高职院校(含专科)	独立学院
东部			
河北	25	33	10
辽宁	10	24	4
江苏	22	63	13
浙江	11	21	12
福建	10	25	1
山东	22	48	8
广东	14	29	6
海南	2	5	—

续表

地区	普通本科院校	高职院校(含专科)	独立学院
中部			
山西	9	20	2
吉林	9	11	1
黑龙江	11	19	—
安徽	20	37	7
江西	10	23	5
河南	23	40	6
湖北	12	23	9
湖南	19	41	9
西部			
内蒙古	6	19	—
广西	14	20	5
四川	17	25	5
贵州	9	13	1
云南	9	15	1
西藏	1	—	—
陕西	12	18	—
甘肃	4	13	—
青海	—	—	—
宁夏	2	1	—
新疆	5	10	1

表 2-4 将 2000 年、2013 年地级城市普通高校分布情况作一个对比。

表 2-4　　2000 年、2013 年地区地级城市普通高校分布对比　　单位：所

地区	2000 年	2013 年
东部	**185**	**418**
河北	40	68
辽宁	28	38
江苏	41	98
浙江	13	44
福建	12	36
山东	27	78
广东	22	49
海南	2	7
中部	**177**	**366**
山西	11	31
吉林	11	21
黑龙江	17	30
安徽	32	64
江西	18	38
河南	32	69
湖北	26	44
湖南	30	69
西部	**102**	**226**
内蒙古	11	25
广西	16	39
四川	23	47
贵州	13	23
云南	10	25
西藏	0	1
陕西	13	30

续表

地区	2000 年	2013 年
甘肃	4	17
青海	0	0
宁夏	2	3
新疆	6	16

2000～2013 年，地级城市普通高校数增长 1 倍以上的地区达到 22 个。其中，甘肃由 4 所增加到 17 所，增长 3.25 倍；海南由 2 所增加到 7 所，增长 2.5 倍；浙江由 13 所增加到 44 所，增长 2.38 倍；福建由 12 所增加到 36 所，增长 2 倍；山东由 27 所增加到 78 所，增长 1.89 倍；山西省由 11 所增加到 31 所，增长 1.82 倍；新疆由 6 所增加到 16 所，增长 1.67 倍；云南由 10 所增加到 25 所，增长 1.5 倍。同时也要看到，青海地区的地级城市还没有 1 所普通高校。

2013 年，地级城市普通高校数较多的地区是：江苏 98 所，山东 78 所，河南、湖南 69 所，河北 68 所，安徽 64 所。2000～2013 年各地区地级城市普通高校发展情况见图 2-9。

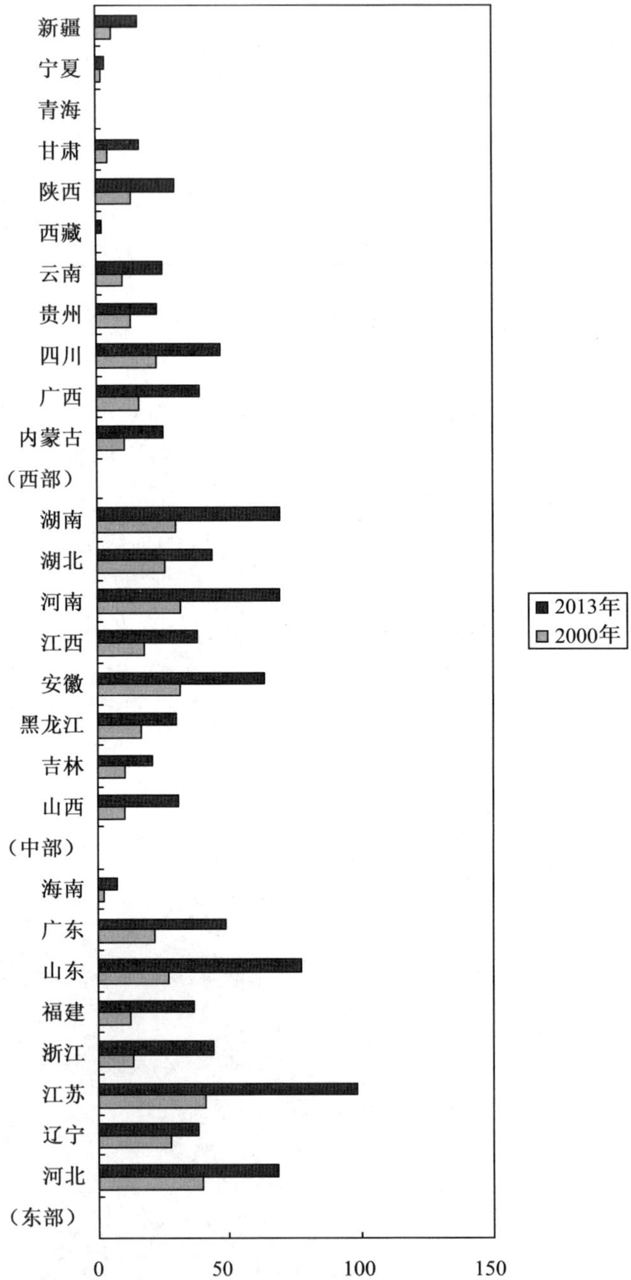

图 2-9　各地区地级城市普通高校发展情况

第三章 推动高等教育与地区经济社会协调发展

高等教育与地区经济社会协调发展，是指高等教育办学规模、结构、发展速度与地区经济社会发展对高等教育要求相适应。

高等教育与地区经济社会发展的协调性涉及多个方面，本报告就高等教育与地区经济发展水平的协调性、高等教育与地区城镇化的协调性、高等教育经费投入与地区经济发展规模的协调性、人才培养层次结构与地区产业技术结构的协调性、人才培养学科专业结构与地区经济社会发展需求的协调性展开讨论。

第一节 高等教育与地区经济发展水平的协调性

研究资料表明，世界各国高等教育办学规模与经济发展水平具有明显的相关性。当人均 GDP 低于 1000 美元时，同龄人口高等教育入学率在 15％以下；当人均 GDP 在 1000～3000 美元时，同龄人口高等教育入学率在 15％～50％之间；当人均 GDP 高于 12000 美元时，同龄人口高等教育入学率超过 50％。

本报告讨论高等教育与地区经济发展水平的协调性，主要是分析地区高等教育全日制在校生规模（包括研究生、本科生、专科生）增长速度与地区人均 GDP 增长速度之间的协调状况。

根据《中国教育统计年鉴》、国家统计局的相关数据，我们对 2000～2010

年地区高等教育全日制在校生规模(包括研究生、本科生和专科生)增长倍数和地区人均GDP增长倍数进行了计算,并对两者的吻合度进行了分析,具体结果如表3-1所示。吻合度计算公式为:

吻合度=(在校生规模增长倍数－人均GDP增长倍数)/人均GDP增长倍数

吻合度绝对值越小,说明地区高等教育与地区经济发展水平的协调性越好。2000～2010年地区高等教育与地区经济发展水平协调性分析情况见表3-1。

表3-1　2000～2010年地区高等教育与地区经济发展水平协调性分析

地区	人均GDP增长倍数	在校生规模增长倍数	吻合度
东部			
北京	2.15	1.31	－0.39
天津	3.06	2.66	－0.13
河北	2.74	3.42	0.25
辽宁	2.77	1.97	－0.29
上海	1.20	1.42	0.18
江苏	3.49	2.73	－0.22
浙江	2.84	3.62	0.27
福建	2.45	3.74	0.53
山东	3.30	4.07	0.23
广东	2.47	3.68	0.49
海南	2.46	6.93	1.82
中部			
山西	4.12	3.59	－0.13
吉林	3.62	2.10	－0.42
黑龙江	2.16	2.50	0.16
安徽	3.29	3.94	0.20
江西	3.38	4.55	0.35
河南	3.49	4.36	0.25

续表

地区	人均GDP增长倍数	在校生规模增长倍数	吻合度
湖北	2.88	2.67	−0.07
湖南	3.38	3.03	−0.10
西部			
内蒙古	7.06	4.24	−0.40
广西	3.68	3.67	−0.00
重庆	4.35	3.26	−0.25
四川	3.43	3.46	0.01
贵州	3.93	3.14	−0.20
云南	2.40	3.69	0.54
西藏	2.80	4.78	0.71
陕西	4.96	2.84	−0.43
甘肃	3.20	3.70	0.16
青海	3.74	2.42	−0.35
宁夏	4.55	3.71	−0.18
新疆	2.35	2.20	−0.06

从表3-1中可以看出，2000～2010年，15个地区的吻合度为负数，说明在校生规模增长速度低于经济发展水平增长速度；15个地区的吻合度为正数，说明这些地区在校生规模增长速度高于经济发展水平增长速度；广西在校生规模增长速度与经济发展水平增长速度持平。四川、新疆、湖北、湖南的在校生规模增长速度与经济发展水平增长速度相协调，天津、上海、山西、黑龙江、安徽、贵州、甘肃、宁夏比较协调。海南、西藏、云南、福建在校生规模增长速度明显高于经济发展水平增长速度。

第二节 高等教育与地区城镇化的协调性

高等教育与地区城镇化的协调性反映了地区普通高等教育在校生（包

括研究生、本科生、专科生)规模变化、地区高等教育程度就业人口(包括研究生、本科生、专科生)规模变化、地区城镇人口规模变化之间的协调状况。

近年来,人们在讨论高等教育办学规模时容易产生片面性。从高等教育毛入学率来看,似乎是越高越好。但在讨论大学生就业面临的困难时,又忽视了我国高等教育在城镇化进程中发挥的作用,认为办学规模大了。因此,加强高等教育与地区城镇化的协调非常重要。

本报告以《中国教育统计年鉴》数据、2004 年全国第一次经济普查数据和 2010 年全国第六次人口普查数据为基础,分别计算出 2004 年、2010 年地区普通高等教育在校生占地区城镇人口比例,以及两个比例之间的比值 r(2010/2004)。结果见表 3-2。

表 3-2　2004 年、2010 年地区普通高等教育在校生占地区城镇人口比例及其比值(r)

地区	2004 年	2010 年	r
东部			
北京	6.62%	4.65%	0.70
天津	5.58%	4.57%	0.82
河北	2.99%	3.60%	1.20
辽宁	2.6%	3.53%	1.36
上海	3.95%	3.02%	0.77
江苏	2.96%	3.74%	1.26
浙江	2.33%	2.78%	1.19
福建	2.13%	3.22%	1.51
山东	2.47%	3.56%	1.44
广东	1.46%	2.17%	1.49
海南	1.63%	3.57%	2.19
中部			
山西	2.68%	3.42%	1.27
吉林	2.76%	4.06%	1.47
黑龙江	2.46%	3.63%	1.47

续表

地区	2004年	2010年	r
安徽	2.48%	3.82%	1.54
江西	3.26%	4.3%	1.32
河南	2.54%	4.10%	1.61
湖北	3.64%	4.91%	1.35
湖南	2.80%	3.88%	1.39
西部			
内蒙古	1.94%	2.81%	1.44
广西	1.86%	3.19%	1.71
重庆	2.52%	3.70%	1.47
四川	2.50%	3.59%	1.44
贵州	1.79%	2.85%	1.59
云南	1.82%	2.90%	1.59
西藏	2.70%	4.67%	1.73
陕西	5.17%	5.93%	1.15
甘肃	2.81%	4.42%	1.57
青海	1.44%	1.86%	1.29
宁夏	1.78%	2.76%	1.55
新疆	2.43%	2.82%	1.16

其次，依据2004年全国第一次经济普查数据和2010年全国第六次人口普查数据，计算出2004年、2010年地区高等教育程度就业人口规模（单位：万人）以及两者间的比值n(2010/2004)。结果见表3-3。

表3-3 2004年、2010年地区高等教育程度就业人口规模及其比值(n) 单位：万人

地区	2004年	2010年	n
东部			
北京	272.43	381.02	1.40
天津	88.53	118.54	1.34

续表

地区	2004 年	2010 年	n
河北	225.05	307.40	1.37
辽宁	257.36	318.22	1.24
上海	227.76	354.30	1.56
江苏	344.80	536.16	1.55
浙江	234.38	379.27	1.62
福建	130.37	194.41	1.49
山东	394.33	504.30	1.28
广东	447.02	592.95	1.33
海南	26.01	38.57	1.48
中部			
山西	148.02	186.92	1.26
吉林	128.19	152.05	1.19
黑龙江	166.04	191.63	1.15
安徽	148.81	218.15	1.47
江西	112.01	161.38	1.44
河南	291.49	341.28	1.17
湖北	214.68	279.35	1.30
湖南	206.11	267.52	1.30
西部			
内蒙古	97.09	159.49	1.64
广西	116.73	180.08	1.54
重庆	105.83	142.66	1.35
四川	243.67	328.60	1.35
贵州	81.38	118.65	1.46
云南	99.51	173.16	1.74
西藏	5.70	10.50	1.84

续表

地区	2004 年	2010 年	n
陕西	139.89	209.30	1.50
甘肃	84.44	114.84	1.36
青海	20.84	33.43	1.60
宁夏	27.29	41.67	1.53
新疆	99.88	157.08	1.57

假设地区高等教育与地区城镇化的吻合度为：

$$\text{吻合度}=(r-n)/n$$

吻合度绝对值越大，说明高等教育与地区城镇化的协调性越差。该公式表明，地区普通高等教育在校生规模增长速度与地区城镇人口规模增长速度成比例，其系数是高等教育程度就业人口规模增长速度。本报告首次明确了我国地区高等教育程度人口增量和存量之间的关系，为判断地区高等教育办学规模的合理性提供了有益的依据。具体结果见表 3-4。

表 3-4　2004～2010 年地区高等教育与地区城镇化的协调性分析

地区	r	n	吻合度
东部			
北京	0.70	1.40	−0.49783
天津	0.82	1.34	−0.3874
河北	1.20	1.37	−0.1184
辽宁	1.36	1.24	0.099555
上海	0.77	1.56	−0.50762
江苏	1.26	1.55	−0.1879
浙江	1.19	1.62	−0.26364
福建	1.51	1.49	0.014978
山东	1.44	1.28	0.129429
广东	1.49	1.33	0.121895
海南	2.19	1.48	0.475721

续表

地区	r	n	吻合度
中部			
山西	1.27	1.26	0.009538
吉林	1.47	1.19	0.241696
黑龙江	1.47	1.15	0.276481
安徽	1.54	1.47	0.04961
江西	1.32	1.44	−0.08627
河南	1.61	1.17	0.377174
湖北	1.35	1.30	0.037208
湖南	1.39	1.30	0.068229
西部			
内蒙古	1.44	1.64	−0.12083
广西	1.71	1.54	0.111252
重庆	1.47	1.35	0.089052
四川	1.44	1.35	0.066371
贵州	1.59	1.46	0.089373
云南	1.59	1.74	−0.08364
西藏	1.73	1.84	−0.06187
陕西	1.15	1.50	−0.23368
甘肃	1.57	1.36	0.154108
青海	1.29	1.60	−0.19362
宁夏	1.55	1.53	0.017125
新疆	1.16	1.57	−0.26262

从表3-4中可以看出，2004～2010年北京、上海等地区普通高等教育办学规模的增长速度明显低于地区高等教育程度就业人口的增长速度，这是由于这些地区吸纳了大量的外地高校毕业生所致。而海南、河南等地区普通高等教育办学规模的增长速度明显快于地区高等教育程度就业人口的增长速度。

第三节　高等教育经费投入与地区经济发展规模的协调性

我们讨论高等教育经费投入与地区经济发展规模的协调性，主要是分析地区地方高等学校经费投入增长速度与地区生产总值增长速度之间的协调状况。

本报告根据《中国教育统计年鉴》数据和国家统计局公布的数据，计算出2003～2010年地区生产总值增长倍数和地区地方高等学校经费投入规模增长倍数，并在此基础上求出地区地方高等学校经费投入与地区经济发展规模之间的吻合度：

吻合度＝（地区地方高等学校经费投入规模增长倍数－地区生产总值增长倍数）/地区生产总值增长倍数

吻合度绝对值越小，说明地区高等教育与地区经济发展规模的协调性越好。具体计算结果见表3-5。

表3-5　2003～2010年地区高等学校与地区经济发展规模协调性分析

地区	生产总值增长倍数	经费投入增长倍数	吻合度
东部			
北京	1.81	1.87	0.03
天津	2.58	2.13	－0.17
河北	1.95	1.97	0.01
辽宁	2.07	1.72	－0.17
上海	1.56	1.72	0.10
江苏	2.33	2.71	0.16
浙江	1.86	2.61	0.40
福建	1.96	2.80	0.43
山东	2.24	2.45	0.09

续表

地区	生产总值增长倍数	经费投入增长倍数	吻合度
广东	1.90	2.33	0.23
海南	1.98	4.33	1.19
中部			
山西	2.22	2.53	0.14
吉林	2.26	2.73	0.21
黑龙江	1.56	1.62	0.04
安徽	2.15	2.59	0.20
江西	2.37	2.81	0.19
河南	2.36	3.06	0.30
湖北	2.36	2.70	0.14
湖南	2.44	2.18	—0.11
西部			
内蒙古	3.89	4.19	0.08
广西	2.39	2.98	0.25
重庆	2.49	2.79	0.12
四川	2.22	3.41	0.54
贵州	2.23	2.89	0.30
云南	1.83	2.57	0.40
西藏	1.68	2.63	0.57
陕西	2.91	3.08	0.06
甘肃	1.94	2.47	0.27
青海	2.46	2.16	—0.12
宁夏	2.79	3.33	0.19
新疆	1.88	2.65	0.41

从表3-5中可以看出，2003～2010年河北、北京、黑龙江、山东、陕西、内蒙古、上海的协调性好；湖南、湖北、重庆、青海、山西、江苏、天津、辽宁、江西、宁夏、安徽的协调性较好。

第四节　人才培养层次结构与地区产业技术结构的协调性

我国高等教育人才培养层次分为专科、本科、研究生。产业技术结构主要是指劳动生产中的自动化程度，其表征是各种高等教育层次的就业人员构成。新世纪头10年是我国高等职业教育快速发展的历史时期。2000～2010年，东部区域高职院校（含专科学校）在校生规模由18.77万人增加到415.9万人，增长21.16倍；中部区域高职院校（含专科学校）在校生规模由12.76万人增加到336.93万人，增长25.41倍；西部区域高职院校（含专科学校）在校生规模由4.67万人增加到213.32万人，增长44.68倍。上述反映了我国高等教育技能型人才在"量"上满足地区经济发展需要的情况。但大家可能会问，高等教育人才培养层次结构是否与地区产业技术结构相一致呢？

为了讨论人才培养层次结构与地区产业技术结构的协调性，本报告以地区普通高等教育专科在校生比例变化与地区专科学历就业人口比例变化的协调性为例加以说明。

报告根据2004年第一次全国经济普查数据、2010年第六次全国人口普查数据和《中国教育统计年鉴》有关数据，先分别求出2004年、2010年地区普通高等教育专科在校生比例与地区专科学历就业人口比例的差值Δ。其中，专科在校生比例＝专科在校生规模/本专科在校生规模，专科学历就业人口比例＝专科学历就业人口规模/本专科学历就业人口规模，Δ＝专科在校生比例－专科学历就业人口比例。然后，计算出地区人才培养层次结构与地区产业技术结构的吻合度：

$$吻合度=[\Delta(2010)-\Delta(2004)]/\Delta(2004)$$

具体计算结果见表3-6。

表 3-6 2004～2010 年地区人才培养层次结构与地区产业技术结构协调性分析

地区	Δ(2004)	Δ(2010)	吻合度
东部			
北京	−0.28528	−0.23154	−0.18837
天津	−0.17556	−0.13933	−0.20639
河北	−0.14023	−0.15855	0.130585
辽宁	−0.31777	−0.266	−0.16291
上海	−0.17376	−0.17874	0.028659
江苏	−0.25117	−0.19028	−0.24242
浙江	−0.18462	−0.17488	−0.05274
福建	−0.17559	−0.15179	−0.13553
山东	−0.15364	−0.11865	−0.22775
广东	−0.15075	−0.1717	0.13898
海南	−0.11842	−0.17451	0.473661
中部			
山西	−0.19911	−0.18509	−0.0704
吉林	−0.35056	−0.32528	−0.07211
黑龙江	−0.28975	−0.29396	0.014554
安徽	−0.17085	−0.16268	−0.04784
江西	−0.13649	−0.15752	0.154079
河南	−0.17535	−0.17141	−0.02249
湖北	−0.21692	−0.18939	−0.12691
湖南	−0.20273	−0.21233	0.047343
西部			
内蒙古	−0.21679	−0.17811	−0.17842
广西	−0.15224	−0.11288	−0.25856
重庆	−0.28331	−0.23978	−0.15365

续表

地区	Δ(2004)	Δ(2010)	吻合度
四川	−0.28892	−0.2465	−0.14681
贵州	−0.29385	−0.21191	−0.27885
云南	−0.26298	−0.19213	−0.26943
西藏	−0.33534	−0.21857	−0.34822
陕西	−0.24926	−0.24578	−0.01399
甘肃	−0.30874	−0.27561	−0.1073
青海	−0.32653	−0.23469	−0.28127
宁夏	−0.31641	−0.27086	−0.14398
新疆	−0.34467	−0.22913	−0.33522

吻合度为负，说明协调性越来越好；吻合度负值越大，说明协调性越好。吻合度为正，说明协调性越来越差。可以看出，2004～2010年绝大部分地区人才培养层次结构与地区产业技术结构是相协调的。其中，西藏、新疆、青海、贵州、云南、广西、江苏、山东、天津等地区的协调性较好。

第五节　人才培养学科专业结构与地区经济社会发展需求的协调性

高等教育人才培养学科专业结构是指高等教育系统中不同学科专业分布及其相应受教育者的构成状态。

我国高校本科专业设置分为"学科门类""二级类""专业"三个层次。为了适应21世纪对人才培养基础扎实、知识面宽、能力强、素质高的要求，1998年教育部按照科学、规范、拓宽的方针，对普通高等学校本科专业目录进行了调整，专业目录划分为哲学、经济学、法学、教育学、文学、历史学、理学、工学、农学、医学、管理学等11个大类，以及71个二级类、249种专业。

2001年教育部下发《关于做好普通高等学校本科学科专业结构调整工作的若干原则意见》，要求高等学校尤其是地方高等学校紧密结合地方经济建设发展需要,科学运用市场调节机制,合理调整和配置教育资源,加强应用型学科专业建设,积极设置主要面向地方支柱产业、高新技术产业、服务业的应用性学科专业,为地方经济建设输送各类应用性人才。

2007 年,教育部、财政部组织实施的"高等学校本科教学质量与教学改革工程"从优化高校专业布局和调整人才培养结构出发,按照优势突出、特色鲜明、新兴交叉、社会急需的原则,择优选择和重点建设 3000 个左右特色专业点,引导各级各类高等学校发挥自身优势,努力办出特色。

2007 年,教育部成立了全国工程教育专业认证专家委员会和全国工程教育专业认证监督与仲裁委员会。按照与国计民生、国家安全和人身安全关系密切的原则,设立了机械类、化工类、土建类 3 个专业认证分委员会,电气类、计算机类、地矿类、轻工与食品类、交通运输类、环境类、水利类 7 个专业认证试点工作组。教育部于 2007 年发布了第一版专业认证通用标准和相关专业补充标准,其后每年都对专业认证文件进行修订。

2010 年教育部启动了新一轮本科专业目录调整工作,以适应我国经济社会发展和高等教育改革发展需要。这次本科专业目录分设哲学、经济学、法学、教育学、文学、历史学、理学、工学、农学、医学、管理学、艺术学 12 个学科门类。专业类由修订前的 73 个增加到 92 个;专业由修订前的 635 种调减到 506 种。

截至 2010 年,我国普通本专科在校生学科专业结构为:哲学 9 万人,经济学 111.93 万人,法学 69.67 万人,教育学 103.63 万人,文学 338.96 万人,历史学 6.49 万人,理学 125.8 万人,工学 803.12 万人,农学 39.96 万人,医学 173.02 万人,管理学 458.3 万人。

下面对部分地区的做法作一个简介。

广东、陕西、吉林等地区推进高校学科专业结构与经济产业结构的协调发展,相继修订了本科专业目录和本科专业设计管理办法,对专业规模进行控制,合理设置和优化学科专业,动态引导高校优化学科专业结构。例如,广东为了适应加快转变经济发展方式和构建现代产业体系需要,积极引导有条件的高校增设战略性新兴产业等社会急需学科专业。近 10 年来,广东省职业院校共为社会输送了 300 多万名技能人才,服务于全省的电子信息、电气机械、石油化工、纺织服装、食品饮料、建筑材料、造纸、医药、汽车等支柱产业,造船、轨道交通装备、核电装备、风电装备、通用飞机等先进制造业,以及物流、会展、金融、信息、旅游等现代服务业，较好地满足了区域经济社会发展的需要。2011 年，省里重点就扩大职业技术师范专业规模，加强教师教育五年一贯制专业和学前教育、小学教育、初等教育等专业紧缺人才培养问题进行了研究和布置。

北京以社会需求为导向，系统分析首都地区经济、科技和社会发展对人才的需求状况，逐步形成了本科专业设置咨询、评价、信息发布及预警的长效机制。重点建设了一批与现代服务业、文化创意产业、高新技术产业等相关的紧缺专业，而对于专业设置与学校学科特色不符、人才需求较少、就业率连续偏低的专业，则采取了暂缓招生、隔年招生、停止招生等措施。

天津贴近全市产业结构升级抓高校专业结构调整。“十一五”期间，大力发展与天津支柱产业、战略新兴产业密切相关的专业，全市新增和调整专业(点)500 多个。

上海依托部属高校，建设上海数学中心、上海高级金融学院和上海转化医学研究中心，力争跻身国际一流水平。支持地方高校重点开展“现代都市工业学科专业群建设”等 21 项本科院校内涵建设计划，重点建设“护理”“食品药品监督管理”等 200 个高职高专专业。

江苏启动了“江苏高校应用型卓越人才培养工程”。以交通类、信息类高职院校为试点，实施基于行业的高素质高级技能型专门人才培养体制改革；以机电、纺织职教集团为试点，探索职教集团合作单位开展紧密合作培养人才的新模式；全面推进地方高校计算机学院培养服务外包人才试点。

河北、重庆、福建等省(市)通过对传统专业优化结构和布局，进一步突出区域特色和资源优势，对社会需求不足的专业，采取暂缓招生、停止招生等措施严格控制。

云南启动实施了 2010～2020 年全省高校学科专业发展定位规划工作。优先设置与云南服务业、支柱产业、新兴产业、高新技术产业等领域密切相关的学科专业，鼓励设置适应产业结构调整的新学科专业。全省高校已建立了 56 个小语种(包括越、老、缅、柬、泰 5 个小语种)公共外语教研室，现有小语种专业学生 3191 人，小语种在学学生突破 1.3 万人。2012 年，省里下发《关于加快云南省高等学校小语种人才培养工作的实施意见》，提出了多项改革举措。

四川扶持建设与本省六大新兴产业、“塔尖”产业密切相关的学科专业，启动“优势学科与特色专业建设工程”，支持10所左右地方本科院校建设优势学科和特色专业。

新疆2008年启动了紧缺人才专业建设专项，涉及工学、农学和医学三个门类16个专业。

西藏加强民族传统文化、高原和优势传统特色专业建设，重点建设了少数民族“音乐学”“美术学”“藏医学”“藏药学”“生态学”“高原医学”等20个自治区特色专业。

第四章　促进地区普通高等教育的供需平衡

经过改革开放以来的发展积淀，我国高等教育在世纪之交经历了具有里程碑意义的历史性跨越：从精英教育阶段进入大众化阶段。回顾近年来我国高等教育发展历程不难发现，社会蕴涵的接受高等教育需求、国家和地方经济社会快速发展对高等教育人才的需求，共同推动了我国高等教育区域化发展。

区域高等教育供需平衡受地区人口、社会与经济发展水平等因素影响，还受到区域高等教育发展历史的限制，例如地区高等教育招生规模、地区应届高中毕业生规模、地区经济社会发展对大学生的需求规模等。2012 年，全国高考报名人数约 915 万人，普通本专科招生规模为 688.83 万人，全国平均录取率超过 75％。

为了反映新世纪以来地区普通高等教育供需平衡逐年趋好的状况，下面对 2000～2010 年地区普通高等教育供需状况作一个分析。

第一节　地区高考报名人数分析

在影响区域高等教育供需平衡的诸多因素中，区域普通高等教育招生规模和应届高中毕业生规模是两个重要的因素。各地区 2000 年、2010 年高考报名人数统计情况见表 4-1。

表 4-1 地区高考报名人数统计 单位:万人

地区	2000 年	2010 年
东部	**165.37**	**337.43**
北京	6.88	8.18
天津	4.47	7.65
河北	21.08	48.63
辽宁	13.89	24.80
上海	10.79	8.31
江苏	24.94	50.07
浙江	15.11	33.42
福建	10.90	26.72
山东	35.09	58.57
广东	20.47	65.67
海南	1.75	5.41
中部	**128.49**	**332.02**
山西	10.84	37.53
吉林	8.42	16.57
黑龙江	11.16	21.40
安徽	18.31	55.72
江西	12.48	28.96
河南	28.82	85.55
湖北	19.44	48.47
湖南	19.02	37.82
西部	**94.63**	**263.90**
内蒙古	10.65	20.71
广西	9.89	29.25
重庆	6.41	21.64
四川	16.79	51.44

续表

地区	2000 年	2010 年
贵州	6.60	23.56
云南	7.90	22.42
西藏	0.32	1.85
陕西	14.66	38.39
甘肃	9.61	29.75
青海	2.34	4.09
宁夏	2.78	6.02
新疆	6.68	14.78

2000～2010 年，东部区域高考报名人数由 165.37 万人增加到 337.43 万人，增长 1.04 倍；中部区域高考报名人数由 128.49 万人增加到 332.02 万人，增长 1.58 倍；西部区域高考报名人数由 94.63 万人增加到 263.90 万人，增长 1.79 倍。可以看出，中部区域高考报名人数增长快于东部区域，而西部区域又快于中部区域。2000～2010 年东、中、西部高考报名人数变化情况见图 4-1。

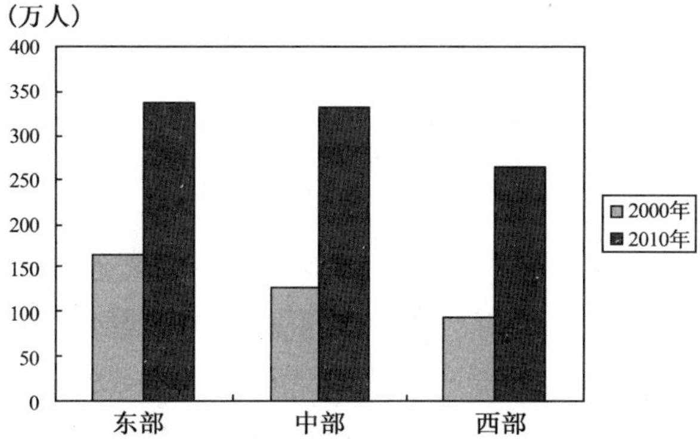

图 4-1　东、中、西部区域高考报名人数变化情况

就地区而言，2000～2010 年高考报名人数增长较快的省份有：西藏由 0.32 万人增加到 1.85 万人，增长 4.78 倍；贵州由 6.6 万人增加到 23.56 万人，增长 2.57 倍；山西由 10.84 万人增加到 37.53 万人，增长 2.46 倍；重庆由 6.41 万人增加到 21.64 万人，增长 2.38 倍；广东由 20.47 万人增加到 65.67 万人，增长 2.21

倍;甘肃由 9.61 万人增加到 29.75 万人,增长 2.10 倍。

2000～2010 年,上海高考报名人数出现了下降的趋势,由 10.79 万人下降到 8.31 万人,下降 23%;北京高考报名人数也趋于平稳,由 6.88 万人增加到 8.18 万人,仅增长 18.9%。

2010 年,高考报名人数第一大省是河南,达到 85.55 万人;第二是广东,达到 65.67 万人;第三是山东,达到 58.57 万人。2000～2010 年各地区高考报名人数变化情况见图 4-2、图 4-3、图 4-4。

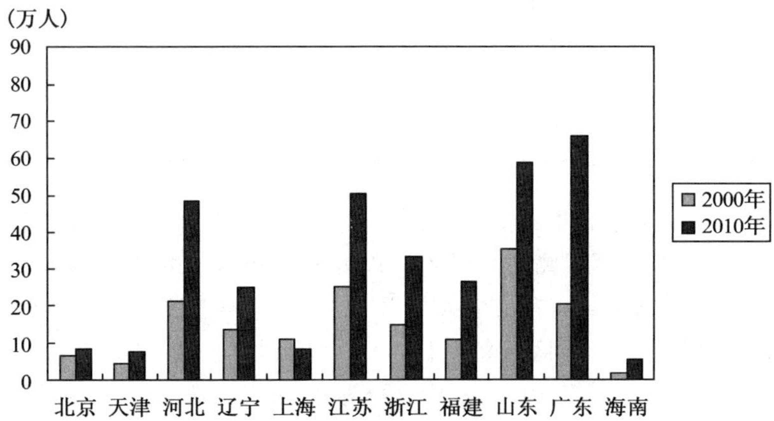

图 4-2　东部区域高考报名人数变化情况

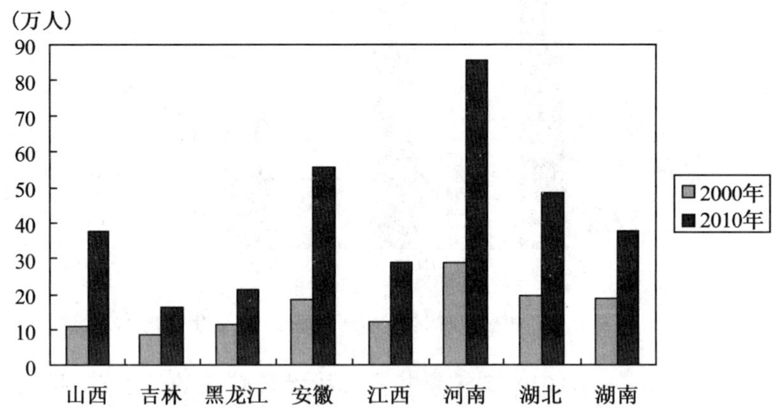

图 4-3　中部区域高考报名人数变化情况

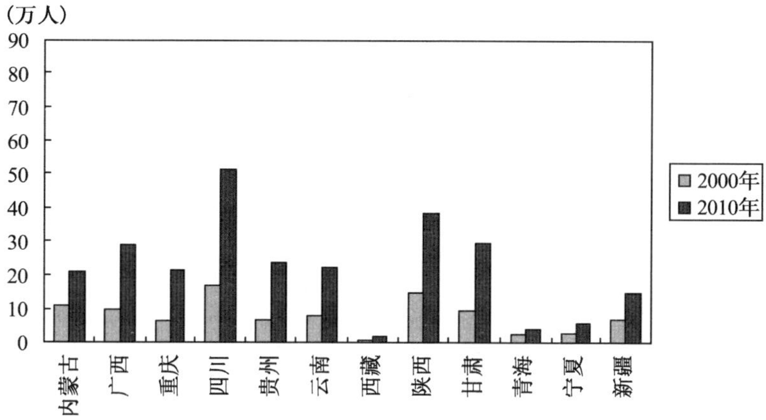

图 4-4　西部区域高考报名人数变化情况

第二节　地区普通高等教育招生规模分析

20 世纪 90 年代末，党中央、国务院作出了“扩大高等教育规模”的重大决策。高校扩招不仅圆了千万个家庭的“大学梦”，使数以千万计的适龄青年能够获得接受高等教育的机会，从而改变了一生，也使我国高等教育的培养规模和水平跃上了一个新的台阶，我国已经成为高校在校生人数居世界首位的高等教育大国。

根据《中国教育统计年鉴》，各地区 2000 年、2010 年普通高等教育招生规模如表 4-2。

表 4-2　　**地区普通高等教育招生规模**　　单位：万人

地区	2000 年	2010 年
东部	**101.89**	**287.59**
北京	9.77	15.51
天津	4.55	12.86
河北	11.1	33.91
辽宁	11.33	24.75
上海	8.13	14.46

续表

地区	2000 年	2010 年
江苏	17.25	44.86
浙江	7.76	25.36
福建	5.33	19.87
山东	13.52	47.52
广东	12.33	43.73
海南	0.82	4.76
中部	**70.36**	**220.80**
山西	4.94	18.07
吉林	6.78	15.11
黑龙江	7.80	19.27
安徽	8.02	28.76
江西	5.79	24.85
河南	12.29	45.71
湖北	14.22	38.76
湖南	10.52	30.27
西部	**48.15**	**153.36**
内蒙古	3.35	11.25
广西	4.94	18.26
重庆	5.00	16.41
四川	10.10	33.21
贵州	3.37	9.93
云南	3.39	14.10
西藏	0.23	0.92
陕西	9.72	26.71
甘肃	3.38	11.41
青海	0.62	1.30
宁夏	0.72	2.50
新疆	3.33	7.36

2000～2010 年，东部区域普通高等教育招生规模由 101.89 万人增加到 287.59 万人，增长 1.82 倍；中部区域普通高等教育招生规模由 70.36 万人增加到 220.8 万人，增长 2.14 倍；西部区域普通高等教育招生规模由 48.15 万人增加到 153.36 万人，增长 2.19 倍。可以看出，中部区域普通高等教育招生规模扩张速度快于东部区域，而西部区域又快于中部区域。2000～2010 年东、中、西部普通高等教育招生规模变化情况见图 4-5。

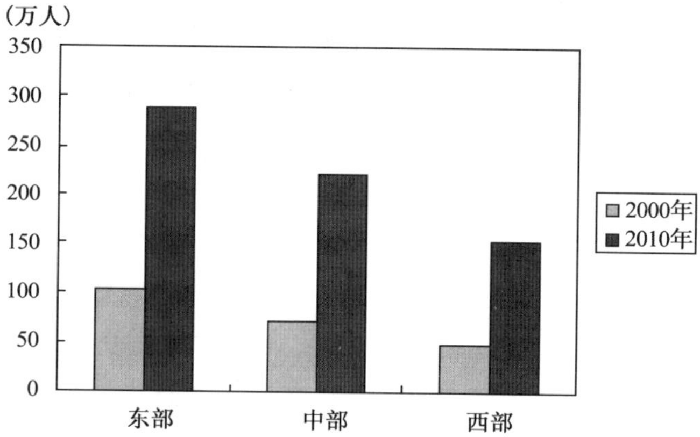

图 4-5　东、中、西部区域普通高等教育招生规模变化情况

就地区而言，2000～2010 年普通高等教育招生规模扩张速度较快的地区有：海南由 0.82 万人增加到 4.76 万人，增长 4.8 倍；江西由 5.79 万人增加到 24.85 万人，增长 3.29 倍；云南由 3.39 万人增加到 14.1 万人，增长 3.16 倍；西藏由 0.23 万人增加到 0.92 万人，增长 3 倍；福建由 5.33 万人增加到 19.87 万人，增长 2.73 倍；河南由 12.29 万人增加到 45.71 万人，增长 2.72 倍；广西由 4.94 万人增加到 18.26 万人，增长 2.7 倍。

2010 年，普通高等教育招生规模最大的省份是山东，达到 47.52 万人。其次是河南，为 45.71 万人。江苏是 44.86 万人，广东是 43.73 万人。2000～2010 年各地区普通高等教育招生规模变化情况见图 4-6、图 4-7、图 4-8。

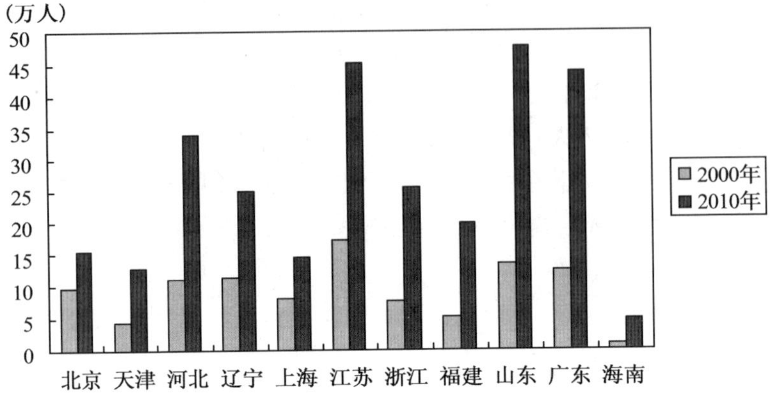

图 4-6　东部区域普通高等教育招生规模变化情况

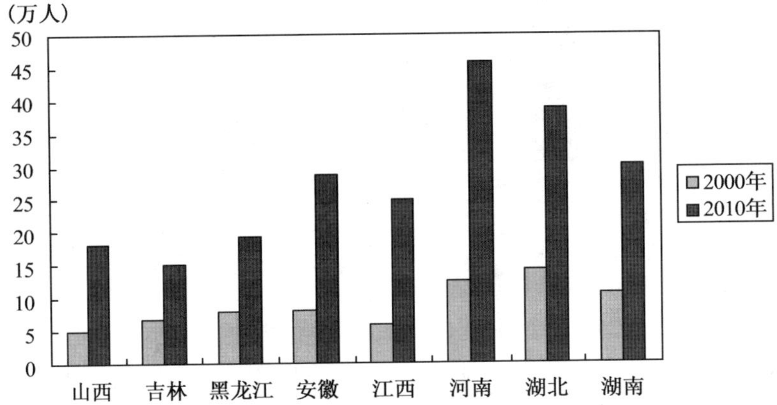

图 4-7　中部区域普通高等教育招生规模变化情况

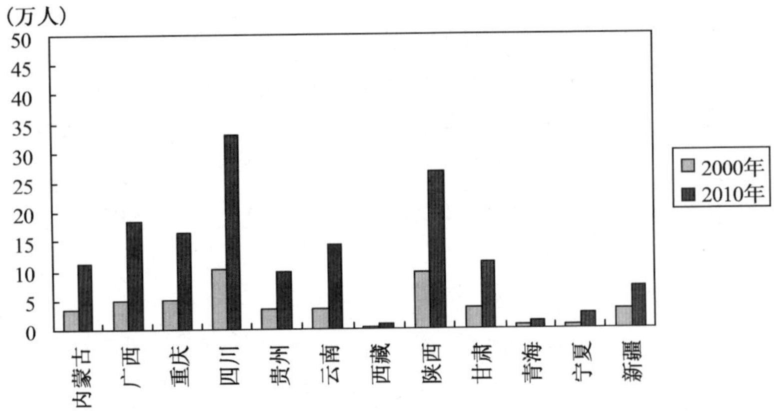

图 4-8　西部区域普通高等教育招生规模变化情况

近年来，为了给一些人口大省考生和高等教育发展水平较低地区考生提供更多的上大学机会，国家采取了一系列举措施。一是每年招生计划增量向中西部人口多、高教资源少的地区倾斜。2007～2012年，中西部省份高校招生计划年均增长5.4%，比同期全国平均增幅高1.4个百分点。二是国家实施招生协作计划，将东部区域公办高校新增的本科招生计划主要投向高等教育资源相对缺乏、升学压力大、农村考生多的中西部省份，以缩小中西部区域高考录取率与全国平均录取率的差距。该计划由2008年的3.5万人扩大到2012年的17万人，相当于在中西部区域建设年招生2500人的高校68所。三是国家实施扶贫定向招生计划。2012年，国家首次实施面向680个集中连片贫困县定向录取新生1.2万名，使贫困地区上一本院校的考生同比增加10%。2013年，定向招生规模扩大到3万名，服务地区由680个县（其中包括371个民族自治县、252个革命老区县和57个陆地边境县）扩大到832个县（覆盖所有国家级扶贫开发重点县和新疆生产建设兵团在新疆南疆三地州的22个团场），以及农村学生上重点高校比例偏低的省份。招生高校覆盖所有“211工程”高校和108所中央部委属高校。

第三节　高等教育适龄人口出现下降趋势

根据有关测算，2000～2008年我国高等教育适龄人口（18～22岁）规模逐年增大，并于2008年达到峰值1.25亿人，2009年至2020年前后逐年下降。依据《国家中长期教育改革和发展规划纲要（2010～2020年）》确定的高等教育发展目标推测，2020年高等教育适龄人口（18～22岁）规模约为8250万人。与此相对应，我国高考报名人数在2008年达到1060.7万人峰值后，呈现逐年下降的趋势。2009年为1022.6万人，2010年为957万人，2011年为933万人。

自2006年以来，普通高校招生规模年增长率明显回落，但每年招生人数仍有所增加。随着高考报名人数的下降，高考录取率不断上升，部分地区高考录取率达到90%。于是有文章分析认为，我国高等教育将面临生源危机。下面就适龄人口下降对我国高等教育的影响作一个初步的分析。

1. 我国普通高校生源结构分析

按毕业学校类型分，普通高校生源分别来自普通高中和中等职业学校，后者又包括普通中专学校、职业高中和技工学校。按学生户籍分，普通高校生源分别来自城市和农村。

(1)普通高中毕业生

在2009年1022.6万报名考生中，普通高中毕业生人数为946.69万人，占总数的92.58%。其中，应届毕业生749.86万人，往届毕业生196.83万人。应届毕业生中，城市户籍人口297.81万，农村户籍人口452.05万。

2003～2009年，参加当年高考报名的应届高中毕业生人数分别为417.87万人、591.47万人、605.46万人、665.97万人、717.71万人、760.42万人和749.86万人。可以看出，普通高中应届毕业生占当年高考报名考生的比例在逐年增加。

往届高中毕业生的报考人数也影响着每年的高考报名规模。2003～2009年，往届高中毕业生报考人数分别为132.28万人、184.02万人、172.02万人、194.41万人、206.29万人、214.40万人和196.83万人，分别占当年报考人数的21.6%、21.22%、19.62%、20.16%、20.39%、20.21%和19.25%。可以看出，往届高中毕业生在每年的报名考生中仍占有相当的比例，且呈现逐年下降的趋势。

(2)中等职业学校毕业生

中等职业学校毕业生包括普通中专、职业高中、技工学校毕业生。2003～2009年，参加高考报名的中等职业学校毕业生人数分别为62.3万人、91.65万人、99.29万人、103.1万人、87.44万人、85.55万人和75.35万人，分别占当年高考报名人数的10.17%、10.57%、11.32%、10.69%、8.64%、8.07%和7.37%。可以看出，中等职业学校毕业生占整个高考报名人数的比例不是很大，且呈现逐年下降的趋势。

(3)农村户籍考生

农村户籍考生作为高考报名生源的重要组成部分，涵盖在普通高中毕业生和中等职业学校毕业生中。近年来在多数地区，城市应届高中毕业生人数在不断下降，而农村应届高中毕业生人数在不断增加，这与城市早已普及高中阶段教育而农村正处于普及过程相关。

2003～2009年，参加高考报名的农村户籍学生分别为325.63万人、

469.44万人、482.96万人、535.43万人、578.43万人、626.35万人和620.53万人，分别占当年高考报名人数的53.17%、54.14%、55.08%、55.53%、57.17%、59.05%和60.68%。可以看出，农村户籍考生呈现出逐年增加的趋势。

2. 高考报名人数下降原因分析

适龄人口的下降导致了高考报名人数的下降。下面对近年来高考报名人数下降的原因作一个具体分析。

(1)适龄人口减少导致2009年以后普通高中应届毕业生规模逐年下降

与我国人口总体变化趋势相一致，2003～2009年，全国普通高中应届毕业生规模分别为458.12万人、546.94万人、661.57万人、727.07万人、788.31万人、836.06万人和823.72万人。2008年应届毕业生规模达到高峰。

2009年以来，占报考人数70%以上的普通高中应届毕业生规模出现了不断下降的趋势。一般情况下，普通高中应届毕业生规模的变化决定了高考报名人数的走向。应届毕业生规模越大，高考报名人数越多；应届毕业生规模下降，高考报名人数减少。2009年减少了12.34万人，下降1.48%。

2009年普通高中应届毕业生人数开始下降的地区是：北京、天津、河北、辽宁、上海、浙江、山东、山西、江西、河南、湖南、内蒙古、四川、西藏、陕西、甘肃。其中，上海下降近2.5万人，山东下降近5.8万人，河南下降4.8万人。也有一些省份的普通高中应届毕业生规模并未出现下降，这可能与这些地区的高中教育普及率提高、高中教育结构调整有关。2009年，普通高中应届毕业生规模持续增加的地区是：江苏、福建、广东、海南、吉林、黑龙江、安徽、湖北、广西、重庆、贵州、云南、青海、宁夏、新疆。其中，广东增加3.5万人，安徽增加1.2万人。

(2)中等职业教育的发展既减轻了高考压力，也导致了高考报名人数的下降

加快普及农村高中阶段教育、重点加快发展农村中等职业教育并逐步实行免费，是我国立足社会主义初级阶段的基本国情、建设人力资源强国的重要决策，是继免费义务教育政策之后促进教育公平的又一重大举措。近年来，为了解决农村和西部优质职业教育资源不足而生源丰富、城市和东部有优质职业教育资源而生源不足的矛盾，国家加大了统筹城乡和东西部区

域职业教育发展的力度，使更多的农村初中毕业生能够接受职业教育，到城市和东部地区就业。

2003～2009年，全国中等职业学校应届毕业生规模分别为308.43万人、319.64万人、378.8万人、439.11万人、492.81万人、541.76万人和586.2万人，呈现了逐年增加的势头。由于绝大多数中职毕业生不参加高考，所以中等职业学校毕业生规模的扩大，会导致适龄人口中高考报名的人数下降。

(3)普通高中应届毕业生中有一小部分学生不参加高考

2005～2009年，全国普通高中应届毕业生中未参加高考报名的人数分别为56.11万人、61.1万人、70.6万人、75.64万人、73.86万人，分别占当年应届毕业生总数的8.48%、8.4%、8.96%、9.05%、8.97%。可以看出，每年普通高中应届毕业生中有9%左右的学生不参加高考。

再进一步分析，这些不参加高考的学生来自农村还是城市呢？2009年，城市普通高中应届毕业生规模为290多万人，城市普通高中应届毕业生报名人数也为290多万人。所以，弃考的学生主要来自农村。教育公平的关键是机会公平，国家和社会都要关注和帮助农村贫困学生上大学问题。

(4)高中毕业生出国留学人数逐年增加

近年来，我国留学市场飞速发展，出国留学人数逐年递增，并呈现持续增长的状态。据统计，2008年出国留学人数达17.98万人，其中自费出国留学人数达16.16万人。有关资料显示，目前出国留学生的低龄化趋势越来越明显，2010年出国留学的高中及以下学历的学生已达到留学总人数的19.75%。

3. 适龄人口下降对我国高等教育的影响

(1)对高等教育办学规模的影响

适龄人口下降会引起我国高等教育生源危机吗？这要具体分析，从总体上说并不存在这个问题。根据《国家中长期教育改革和发展规划纲要(2010～2020年)》，到2020年，我国要新增9670万具有高等教育文化程度人口，主要劳动年龄人口中受过高等教育的比例要从2009年的9.9%增加到20%，高等教育在校生规模达到3300万人，其中高等职业教育在校生规模达到1480万人。可以看出，今后一段时间内我国高等教育规模还会有一定程度的增长。

(2)对高等教育办学质量的影响

连续多年的扩招,使各级各类高等学校形成了扩大办学规模的惯性。高考报名人数的下降,使一些高校很不适应,未来10年内这些学校的招生规模将不再扩招,甚至减招。

高等教育生源的下降,将促使高校把注意力从扩大招生规模转到重视人才培养质量上来。在这一过程中,如果学校办学定位不准、竞争意识薄弱、对受教育者的内涵回报低,就有可能面临举步维艰的困境。这将促使高校办学进一步以社会需求为导向,加大学科专业结构调整力度,优化人才培养结构,加强特色专业建设,创新人才培养模式,构建与经济社会发展相适应的教学内容和课程体系,努力提高教育教学质量。

另外,近年来世界著名高校加大了在中国的招生力度,港澳地区的高校也介入内地揽才,使高中生出国境留学呈现出不断增长的态势。我国高等教育只有加快创建世界一流大学和高水平大学步伐,形成一批世界一流学科,培养一批拔尖创新人才,才能提高国际竞争力,才能留住优秀生源。

(3)推进高等职业教育与中等职业教育的衔接

参加高考报名的中等职业学校毕业生比例不高,其原因除国家规定高校对口招收中职毕业生计划不超过当年应届中职毕业生5%的限制之外,就职业教育自身原因而言,中等职业教育培养目标定位于中级实用技术人才,在课程设置上多以专业课、实习课为主,文化课一般低于普通高中的要求,不能适应现行普通高校招生考试对文化课的要求。另一个重要原因是,一些中职学生不看好上高职院校,许多人中职毕业后一两年内就可拿到成人大专文凭。因此,许多地区出现高职招生指标完成率和新生报到率双低的现象。

目前,大部分高等职业院校招生多以普通高中毕业生生源为起点,并没有建立起中等职业教育与高等职业教育相衔接沟通的制度。其结果是,中等职业学校毕业生继续深造的通道不畅,高等职业学校的生源不足且不能适应职业教育对职业技能连续培养的要求。依据《国家中长期教育改革和发展规划纲要(2010～2020年)》,我国将逐步实施高等学校分类入学考试,高等职业院校实行自主考试或根据学业水平考试成绩注册入学。通过改革高等职业院校招生考试模式,探索中高职衔接的“入口”和“路径”,有利于扩大高等职业教育的生源。

(4)优化高等教育结构

适龄人口的下降,使我国高等教育从紧张应对社会旺盛的求学需求的压力下获得了喘息的机会,同时也面临着优化结构、提高质量的机遇。一方面要调整招生结构,扩大高等职业教育招生规模,促进中等、高等职业教育协调发展。另一方面,也是更重要的,就是调整学科专业结构,压缩重复设置的长线专业,发展适应新科技革命和产业革命,特别是发展战略性新兴产业需要的新专业。

2008 年国际金融危机使我国转变经济发展方式问题更加凸显出来。我国政府正在把科技作为核心推动力和重要抓手,积极调整经济结构,大力培育战略性新兴产业,推进节能减排,加快建立低碳能源技术体系,加强人口健康、粮食安全、生物医药和公共安全等领域的科技攻关,努力实现可持续发展。为此,高等教育要适应国家转变经济发展方式的要求,加快新能源、新材料、生物医药、节能环保、低碳技术、绿色经济等新兴产业相应的专业建设,满足国家产业结构调整与升级对人才培养的需求。

(5)发挥普通高校在成人教育中的作用

随着高等教育生源的减少,一些高等院校招生规模会逐步稳定,或相应减少。但是,成人在职学习的需求将会持续增长,发展成人教育与培训是高等教育改革和发展的重要任务,也是构建终身学习体系的客观要求。

《国家中长期教育改革和发展规划纲要(2010～2020 年)》要求构建灵活开放的终身教育体系,大力发展非学历继续教育,稳步发展学历继续教育。普通本科高校在开展学历教育与培训、建立终身学习网络和服务平台、开发社会学习资源、发展社区教育等方面具有独特的优势。发展多种形式的成人教育,不仅可以充分地利用高校资源,提高办学效益,更能全面地发挥高校的教育和社会功能,为促进经济社会发展和人的全面而有个性的发展作出更大的贡献。

第五章　统筹各级各类高等教育发展

经济社会区域化发展是一个动态过程，呈现出多层次、多样化的发展趋势。与此相适应，地区经济社会发展对高等教育人才的需求也要呈现出多元化格局。例如，地区经济社会发展水平越高，对高等教育人才的质量、层次、能力要求也越高；地区经济发展规模和速度越高，高等教育人才需求规模越大；地区经济发展的特色越明显，对高等教育人才培养的区域化要求越高。

新世纪以来，在高等教育办学规模不断扩大的情况下，各级教育管理部门注重把握好规模、质量、结构、效益的关系，使人才培养结构得到优化，人才培养质量不断提高。

第一节　地区普通高等教育人才培养规模

普通高等教育人才培养规模是指接受全日制高等教育的在校大学生规模，包括全日制大学、独立设置的学院和高等专科学校、职业技术学院的在校生。

2012年，全国普通本专科在校生达到2391.32万人，其中本科生1427.09万人、专科生964.23万人。为了反映新世纪头10年统筹地区普通高等教育发展的成果，现列出各地区2000年、2010年普通高校本专科在校生规模。见表5-1。

表 5-1　　地区普通高校本专科在校生规模　　单位:万人

地区	2000 年	2010 年
东部	**261.93**	**990.82**
北京	28.03	58.71
天津	11.91	42.92
河北	25.26	110.51
辽宁	30.79	88.02
上海	22.68	51.57
江苏	45.18	164.94
浙江	19.24	88.49
福建	13.79	64.78
山东	32.53	163.14
广东	30.60	142.66
海南	1.92	15.08
中部	**175.35**	**738.27**
山西	12.50	56.29
吉林	18.11	54.44
黑龙江	21.01	71.91
安徽	19.18	93.90
江西	14.86	81.65
河南	27.34	145.67
湖北	35.77	129.69
湖南	26.58	104.72
西部	**118.80**	**502.69**
内蒙古	7.19	37.14
广西	12.37	56.75
重庆	12.63	52.27
四川	24.56	108.62

续表

地区	2000 年	2010 年
贵州	7.98	32.33
云南	9.59	43.90
西藏	0.55	3.11
陕西	24.47	92.78
甘肃	8.26	38.15
青海	1.35	4.50
宁夏	1.75	8.02
新疆	8.10	25.12

2000～2010 年，东部区域普通高校本专科在校生规模由 261.93 万人增加到 990.82 万人，增长 2.78 倍；中部区域普通高校本专科在校生规模由 175.35 万人增加到 738.27 万人，增长 3.21 倍；西部区域普通高校本专科在校生规模由 118.8 万人增加到 502.69 万人，增长 3.23 倍。2000～2010 年东、中、西部高校本专科生在校生规模变化情况见图 5-1。

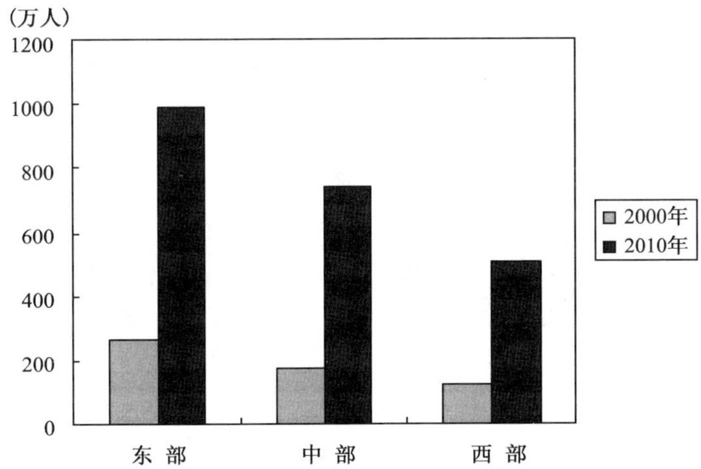

图 5-1　东、中、西部区域高校本专科生规模变化

就地区而言，2000～2010 年普通高校本专科在校生规模增长最快的是海南省，达到 6.85 倍。较快的省份有：西藏，4.65 倍；江西，4.49 倍；河南，

4.33 倍；内蒙古，4.17 倍；山东，4.02 倍。参见图 5-2、图 5-3、图 5-4。

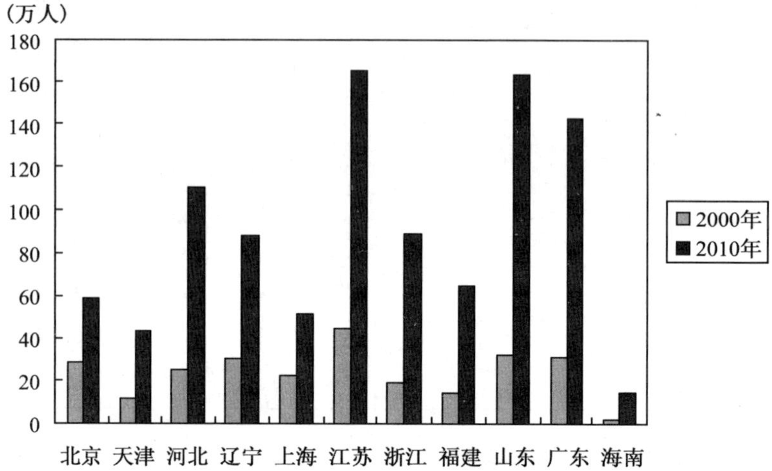

图 5-2　东部区域普通高校本专科在校生规模增长情况

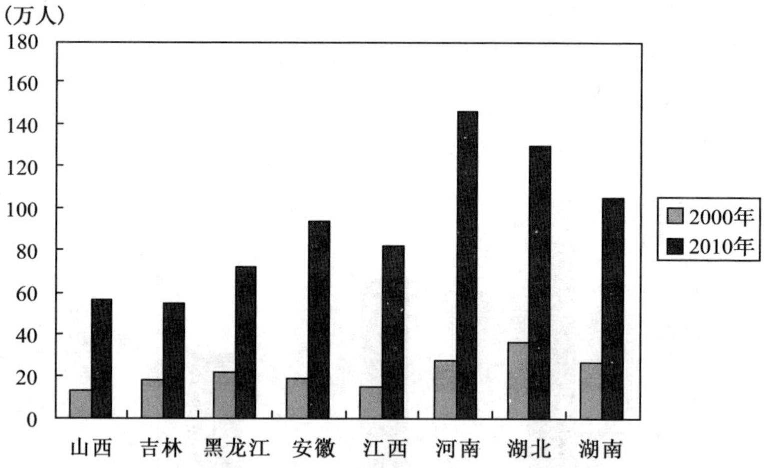

图 5-3　中部区域普通高校本专科在校生规模增长情况

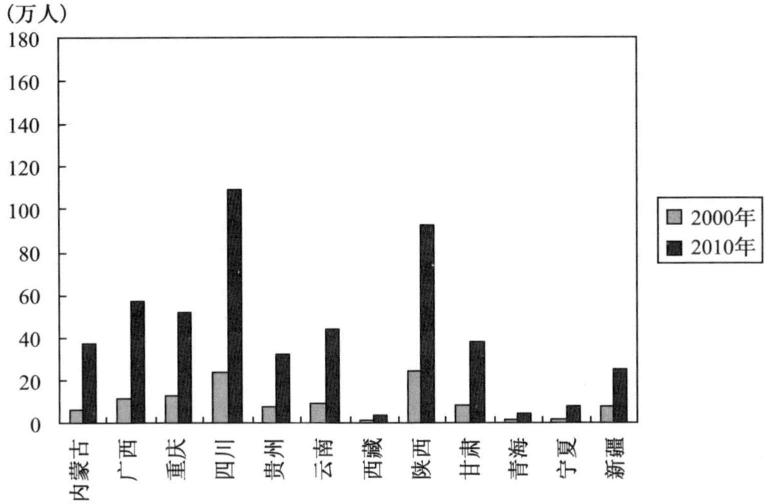

图 5-4　西部区域普通高校本专科在校生规模增长情况

2010 年，普通高校本专科在校生规模超过 100 万人的地区有江苏(164.94 万人)、山东(163.14 万人)、河南(145.67 万人)、广东(142.66 万人)、湖北(129.69 万人)、河北(110.51 万人)、四川(108.62 万人)、湖南(104.72 万人)。

第二节　地区成人高等教育人才培养规模

成人学历高等教育有三种类型：高中起点升成教专科(简称“高起专”)、高中起点升成教本科(简称“高起本”)和专科起点升成教本科(简称“成教专升本”)。本文成人高等教育人才培养规模是指接受成人学历高等教育的在校生人数，包括各类成人高等学校本专科在校生数、普通高等学校函授部夜大学在校生数。2012 年，成人本专科在校生达到 583.11 万人。

各地区 2000 年、2010 年成人高等教育本专科在校生规模见表 5-2。

表 5-2　　地区成人高等教育本专科在校生规模　　单位：万人

地区	2000 年	2010 年
东部	**160.80**	**259.79**
北京	26.30	27.32
天津	6.99	7.17
河北	15.47	23.56
辽宁	15.67	19.11
上海	11.49	19.86
江苏	21.72	40.29
浙江	16.85	25.10
福建	5.72	9.90
山东	19.85	38.87
广东	19.49	46.40
海南	1.25	2.21
中部	**106.92**	**145.75**
山西	8.36	14.42
吉林	11.21	14.82
黑龙江	12.67	16.25
安徽	11.40	15.09
江西	8.17	12.03
河南	15.72	25.89
湖北	20.55	26.21
湖南	18.84	21.04
西部	**86.14**	**130.47**
内蒙古	5.10	7.10
广西	9.52	15.48
重庆	8.36	12.41
四川	21.99	30.12

续表

地区	2000 年	2010 年
贵州	5.76	8.66
云南	5.18	17.17
西藏	0.40	0.80
陕西	13.60	19.71
甘肃	5.10	8.89
青海	0.97	1.52
宁夏	1.75	3.33
新疆	8.41	5.28

2000～2010 年，东部区域成人高等教育本专科在校生规模由 160.8 万人增加到 259.79 万人，增长 61.56%；中部区域成人高等教育本专科在校生规模由 106.92 万人增加到 145.75 万人，增长 36.32%；西部区域成人高等教育本专科在校生规模由 86.14 万人增加到 130.47 万人，增长 51.46%。参见图 5-5。

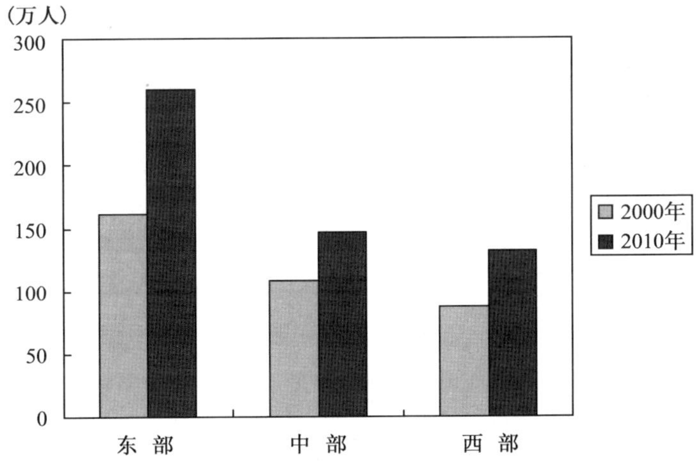

图 5-5　东、中、西部区域成人高等教育本专科生规模变化情况

下面是各地区 2000～2010 年成人高等教育本专科在校生规模比较。可以看出，虽然各地区成人高校数在逐年减少，但成人高等教育本专科在校生规模是增加的。增长较明显的地区是云南(231.47%)、广东(138.07%)、西藏(100%)、山东(95.82%)、宁夏(90.29%)。参见图 5-6、图 5-7、图 5-8。

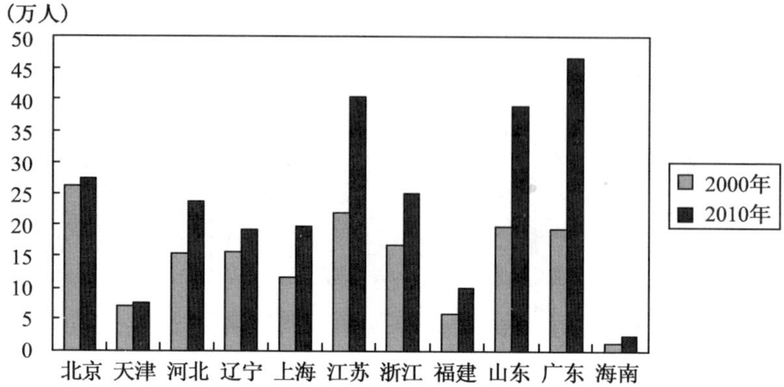

图 5-6 东部区域成人高等教育本专科规模变化情况

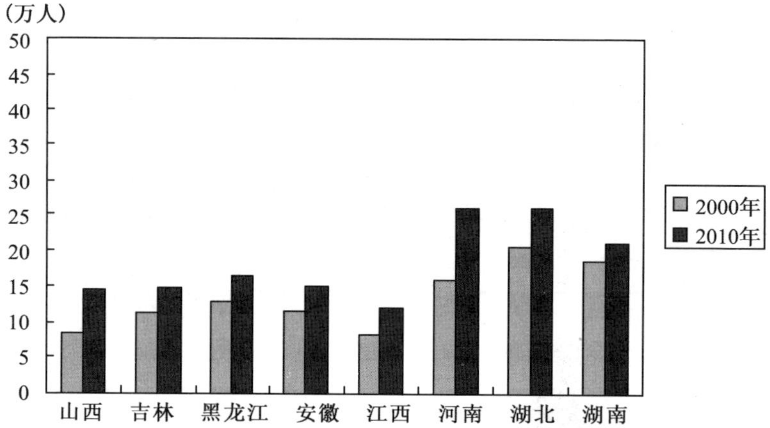

图 5-7 中部区域成人高等教育本专科规模变化情况

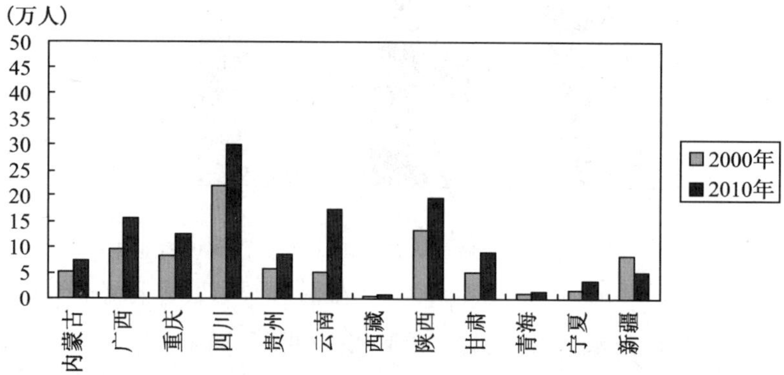

图 5-8 西部区域成人高等教育本专科规模变化情况

第三节　地区高等职业教育人才培养规模

新世纪头10年是我国统筹区域高等教育发展、优化高等教育人才培养结构的重要历史时期，其主要特征是中西部地区高等职业教育得到了很大的发展：一是扩大了高等职业教育人才培养规模，二是新设置了一批的高等职业院校。2012年，全国高等职业院校（含专科）在校生规模达到964.23万人。

各地区2000年、2010年高职院校（含专科）在校生规模见表5-3。

表5-3　　地区高职院校(含专科院校)在校生规模　　单位：万人

地区	2000年	2010年
东部	**18.77**	**415.90**
北京	0.95	11.91
天津	0.71	15.56
河北	2.05	55.29
辽宁	1.02	27.80
上海	1.30	16.07
江苏	4.20	70.53
浙江	2.55	36.27
福建	1.63	28.23
山东	0.50	82.39
广东	3.86	64.80
海南	0.00	7.05
中部	**12.76**	**336.93**
山西	0.49	27.03
吉林	0.37	13.95
黑龙江	0.79	24.51
安徽	1.65	45.66

续表

地区	2000年	2010年
江西	0.73	41.76
河南	3.14	76.95
湖北	3.27	58.07
湖南	2.32	49.00
西部	**4.67**	**213.32**
内蒙古	0.50	17.37
广西	1.06	30.61
重庆	0.16	19.40
四川	1.10	44.30
贵州	0.20	13.89
云南	0.29	18.32
西藏	0.00	1.14
陕西	0.71	38.21
甘肃	0.31	14.31
青海	0.05	1.69
宁夏	0.00	2.90
新疆	0.29	11.18

2000～2010年，东部区域高职院校（含专科）在校生规模由18.77万人增加到415.9万人，增长21.16倍；中部区域高职院校（含专科）在校生规模由12.76万人增加到336.93万人，增长25.41倍；西部区域高职院校（含专科）在校生规模由4.67万人增加到213.32万人，增长44.68倍。可以看出，2000～2010年是我国高等职业教育的快速发展期。西部区域高等职业教育的发展速度快于东部、中部区域。参见图5-9。

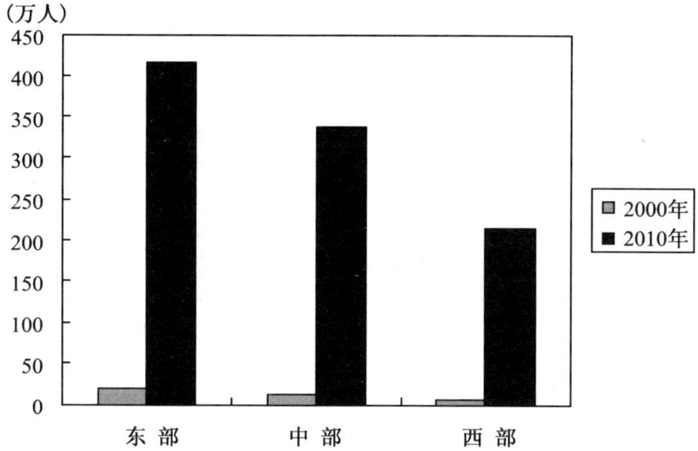

图 5-9 东、中、西部区域高职院校(含专科)在校生规模变化情况

就地区而言,2000～2010年海南、西藏、宁夏高职院校(含专科)在校生规模从无分别增加到7.05万人、1.14万人和2.9万人。山东由0.5万人增加到82.39万人,增长163.78倍;重庆由0.16万人增加到19.4万人,增长120.25倍;贵州由0.2万人增加到13.89万人,增长68.45倍;云南由0.29万人增加到18.32万人,增长62.17倍;江西由0.73万人增加到41.76万人,增长56.21倍;山西由0.49万人增加到27.03万人,增长54.16倍;陕西由0.71万人增加到38.21万人,增长52.82倍。中西部区域高等职业教育的快速发展,带动了地区整个高等教育的发展。参见图5-10、图5-11、图5-12。

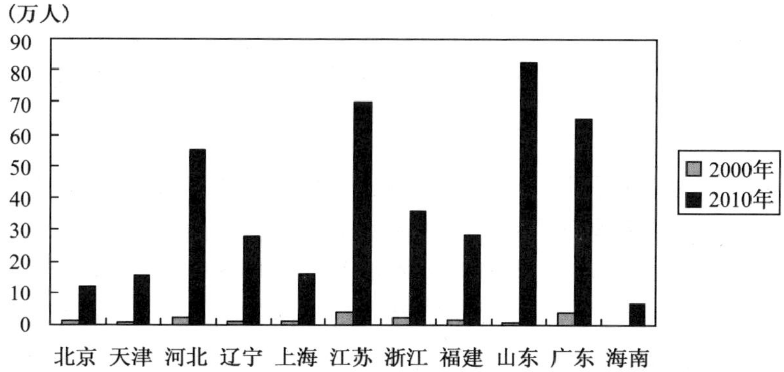

图 5-10 东部区域高职院校(含专科)在校生规模变化情况

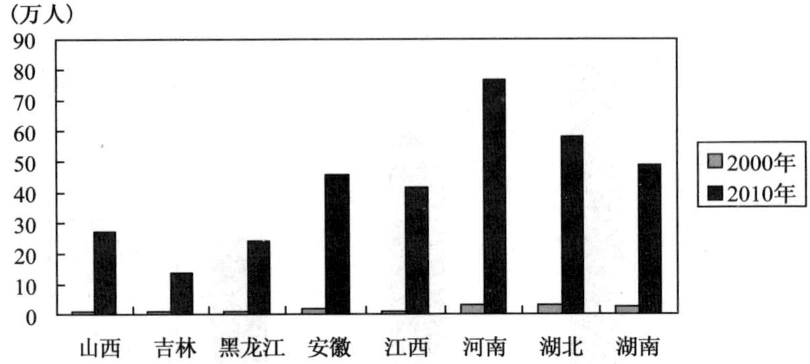

图 5-11　中部区域高职院校(含专科)在校生规模变化情况

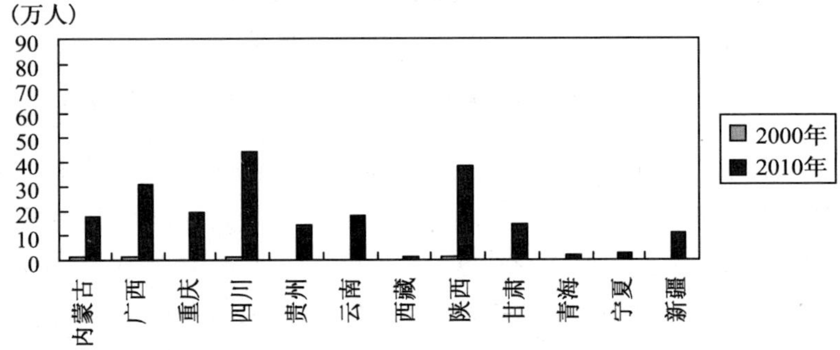

图 5-12　西部区域高职院校(含专科)在校生规模变化情况

2010 年,高职院校(含专科)在校生规模较大的地区有山东(82.39 万人)、河南(76.95 万人)、江苏(70.53 万人)、广东(64.8 万人)、湖北(58.07 万人)、河北(55.29 万人)。

第四节　地区研究生教育人才培养规模

研究生教育是我国最高层次的学历教育,是学生本科毕业之后继续进行深造和学习的一种教育形式,又可分为硕士研究生教育和博士研究生教育。新世纪以来,我国研究生教育人才培养规模不断扩大,学科专业结构不断适应经济社会发展的需求,人才培养质量不断提高,中西部区域研究生教育得到了快速发展。2010 年,我国研究生培养机构达到 797 个,其中普通高校 481 所,科研机构 316 个,授予博士学位 4.74 万人、硕士学位 33.26 万人。

为了反映新世纪头10年地区研究生教育发展成果，下面对各地区2000年、2010年普通高校研究生在校生规模作一个分析。参见表5-4。

表5-4　　地区普通高校研究生在校生规模　　单位：万人

地区	2000年	2010年
东部	**18.18**	**79.50**
北京	6.24	19.63
天津	1.04	4.10
河北	0.39	3.14
辽宁	1.46	7.97
上海	3.06	10.57
江苏	2.33	12.42
浙江	0.99	4.78
福建	0.51	3.06
山东	0.85	6.44
广东	1.30	7.09
海南	0.01	0.30
中部	**6.75**	**37.23**
山西	0.26	2.34
吉林	1.11	5.02
黑龙江	1.06	5.39
安徽	0.58	3.79
江西	0.21	2.13
河南	0.32	2.88
湖北	2.44	10.08
湖南	0.77	5.60
西部	**5.16**	**31.54**
内蒙古	0.15	1.39
广西	0.21	2.08

续表

地区	2000 年	2010 年
重庆	0.62	4.31
四川	1.45	7.57
贵州	0.1	1.13
云南	0.27	2.44
西藏	0.002	0.07
陕西	1.85	8.38
甘肃	0.36	2.44
青海	0.01	0.19
宁夏	0.02	0.32
新疆	0.12	1.22

2000～2010 年，东部区域普通高校研究生在校生规模由 18.18 万人增加到 79.5 万人，增长 3.37 倍；中部区域普通高校研究生在校生规模由 6.75 万人增加到 37.23 万人，增长 4.52 倍；西部区域普通高校研究生在校生规模由 5.16 万人增加到 31.54 万人，增长 5.11 倍。可以看出，西部区域普通高校研究生在校生规模增长最快，中部区域次之。参见图 5-13。

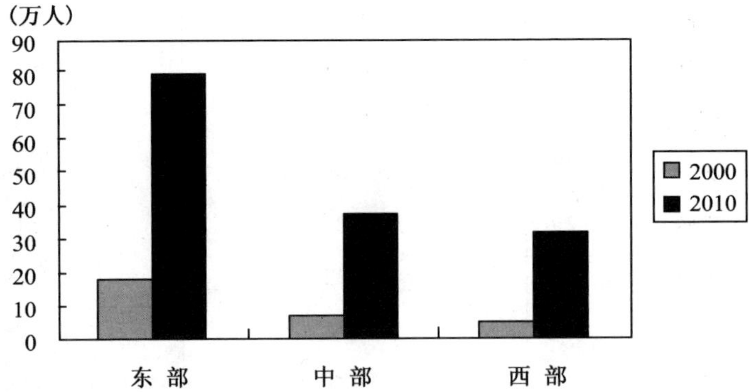

图 5-13　东、中、西部区域普通高校研究生在校生规模

就地区而言，2000～2010 年普通高校研究生在校生规模增长较快的地区有：西藏由 0.002 万人增加到 0.07 万人，增长 34 倍；青海由 0.01 万人增加到

0.19 万人，增长 18 倍；宁夏由 0.02 万人增加到 0.32 万人，增长 15 倍；贵州由 0.1 万人增加到 1.13 万人，增长 10.3 倍；新疆由 0.12 万人增加到 1.22 万人，增长 9.17 万人；江西由 0.21 万人增加到 2.13 万人，增长 9.14 倍；广西由 0.21 万人增加到 2.08 万人，增长 8.9 倍；内蒙古由 0.15 万人增加到 1.39 万人，增长 8.27 倍；云南由 0.27 万人增加到 2.44 万人，增长 8.04 倍。

2010 年，普通高校研究生在校生规模超过 10 万人的地区有：北京 19.63 万人，江苏 12.42 万人，上海 10.57 万人，湖北 10.08 万人。

第五节　地区高等教育人才培养类型结构

目前，我国已经初步形成了普通高等教育与成人高等教育、民办高等教育与公办高等教育、高等职业教育和普通高等教育，综合性大学、多科性大学和单科性大学共同发展、相互补充的局面。在一些地区，既有面向全国的“985 工程”大学、“211 工程”大学，也有面向大区、面向若干省份的综合性大学、教学研究型大学，还有面向当地的高等职业院校、教学型大学。

为了反映地区各类高等教育人才培养状况，下面列出 2010 年各地区在学研究生、在学普通本专科生、在学成人本专科生、在学网络本专科生的规模及所占比例。见表 5-5。

表 5-5　　2010 年各地区高等教育人才培养类型结构

北京	在学规模(万人)	占比
在学研究生	22.71	5.3%
在学普通本专科生	58.71	13.7%
在学成人本专科生	27.32	6.38%
在学网络本专科生	319.65	74.62%
天津	在学规模(万人)	占比
在学研究生	4.10	7.12%
在学普通本专科生	42.92	74.50%
在学成人本专科生	7.17	12.45%
在学网络本专科生	3.42	5.93%

续表

河北	在学规模(万人)	占比
在学研究生	3.15	2.30%
在学普通本专科生	110.51	80.53%
在学成人本专科生	23.56	17.17%
山西	在学规模(万人)	占比
在学研究生	2.36	3.23%
在学普通本专科生	56.29	77.04%
在学成人本专科生	14.42	19.73%
内蒙古	在学规模(万人)	占比
在学研究生	1.40	3.07%
在学普通本专科生	37.14	81.38%
在学成人本专科生	7.10	15.55%
辽宁	在学规模(万人)	占比
在学研究生	8.20	6.36%
在学普通本专科生	88.02	68.25%
在学成人本专科生	19.11	14.82%
在学网络本专科生	13.63	10.57%
吉林	在学规模(万人)	占比
在学研究生	5.16	6.50%
在学普通本专科生	54.44	68.60%
在学成人本专科生	14.82	18.67%
在学网络本专科生	4.94	6.23%
黑龙江	在学规模(万人)	占比
在学研究生	5.45	5.54%
在学普通本专科生	71.91	73.07%
在学成人本专科生	16.25	16.51%
在学网络本专科生	4.80	4.88%

续表

上海	在学规模(万人)	占比
在学研究生	11.17	11.42%
在学普通本专科生	51.57	52.75%
在学成人本专科生	19.86	20.32%
在学网络本专科生	15.16	15.51%
江苏	在学规模(万人)	占比
在学研究生	12.55	5.67%
在学普通本专科生	164.94	74.53%
在学成人本专科生	40.29	18.20%
在学网络本专科生	3.53	1.60%
浙江	在学规模(万人)	占比
在学研究生	4.80	3.91%
在学普通本专科生	88.49	72.12%
在学成人本专科生	25.10	20.46%
在学网络本专科生	4.31	3.51%
安徽	在学规模(万人)	占比
在学研究生	3.90	3.44%
在学普通本专科生	93.90	82.94%
在学成人本专科生	15.09	13.34%
在学网络本专科生	0.32	0.28%
福建	在学规模(万人)	占比
在学研究生	3.09	3.79%
在学普通本专科生	64.78	79.54%
在学成人本专科生	9.90	12.15%
在学网络本专科生	3.68	4.52%
江西	在学规模(万人)	占比
在学研究生	2.13	2.22%
在学普通本专科生	81.65	85.22%
在学成人本专科生	12.03	12.56%

续表

山东	在学规模(万人)	占比
在学研究生	6.50	3.00%
在学普通本专科生	163.14	75.27%
在学成人本专科生	38.87	17.94%
在学网络本专科生	8.22	3.79%
河南	在学规模(万人)	占比
在学研究生	2.90	1.61%
在学普通本专科生	145.67	81.11%
在学成人本专科生	25.89	14.42%
在学网络本专科生	5.13	2.86%
湖北	在学规模(万人)	占比
在学研究生	10.31	7.31%
在学普通本专科生	129.69	91.99%
在学成人本专科生	26.21	18.59%
在学网络本专科生	11.29	8.01%
湖南	在学规模(万人)	占比
在学研究生	5.62	4.12%
在学普通本专科生	104.72	76.77%
在学成人本专科生	21.04	15.42%
在学网络本专科生	5.03	3.69%
广东	在学规模(万人)	占比
在学研究生	7.25	3.57%
在学普通本专科生	142.66	70.28%
在学成人本专科生	46.40	22.85%
在学网络本专科生	6.69	3.30%
广西	在学规模(万人)	占比
在学研究生	2.08	2.80%
在学普通本专科生	56.75	76.37%
在学成人本专科生	15.48	20.83%

续表

海南	在学规模(万人)	占比
在学研究生	0.30	1.71%
在学普通本专科生	15.08	85.73%
在学成人本专科生	2.21	12.56%
重庆	在学规模(万人)	占比
在学研究生	4.31	5.43%
在学普通本专科生	52.27	65.85%
在学成人本专科生	12.41	15.63%
在学网络本专科生	10.39	13.09%
四川	在学规模(万人)	占比
在学研究生	7.75	4.64%
在学普通本专科生	108.62	65.03%
在学成人本专科生	30.12	18.03%
在学网络本专科生	20.54	12.30%
贵州	在学规模(万人)	占比
在学研究生	1.14	2.71%
在学普通本专科生	32.33	76.74%
在学成人本专科生	8.66	20.55%
云南	在学规模(万人)	占比
在学研究生	2.53	3.98%
在学普通本专科生	43.90	69.02%
在学成人本专科生	17.17	27.00%
西藏	在学规模(万人)	占比
在学研究生	0.07	1.76%
在学普通本专科生	3.11	78.14%
在学成人本专科生	0.80	20.10%

续表

陕西	在学规模(万人)	占比
在学研究生	8.53	6.51%
在学普通本专科生	92.78	70.80%
在学成人本专科生	19.71	15.04%
在学网络本专科生	10.03	7.65%
甘肃	在学规模(万人)	占比
在学研究生	2.56	4.93%
在学普通本专科生	38.15	73.42%
在学成人本专科生	8.89	17.11%
在学网络本专科生	2.36	4.54%
青海	在学规模(万人)	占比
在学研究生	0.21	3.37%
在学普通本专科生	4.50	72.23%
在学成人本专科生	1.52	24.40%
宁夏	在学规模(万人)	占比
在学研究生	0.32	2.74%
在学普通本专科生	8.02	68.73%
在学成人本专科生	3.33	28.53%
新疆	在学规模(万人)	占比
在学研究生	1.27	4.01%
在学普通本专科生	25.12	79.32%
在学成人本专科生	5.28	16.67%

第六章　提升地区高等教育科研服务能力

高校科研和开发活动包括基础研究、应用研究、试验发展以及 R&D 成果应用、其他科技服务、国际交流等，涉及科技人力、科技经费、科技项目、科技成果及技术转让、成果授奖等诸方面。高校科研活动的开展，提升了教师的业务水平，为培养高层次创新人才创造了条件。

新世纪以来，在国家教育优先发展战略、科教兴国战略和人才强国战略指引下，在“211 工程”“985 工程”等推动下，通过实施“海外高层次人才引进计划”“长江学者奖励计划”“国家杰出青年科学基金”等人才项目，极大地推动了高校教师队伍建设，有力地推动了高校教学水平和科研水平的提高。同时，各高校在围绕国家战略目标和重大需求，以及区域经济发展，增强企业自主创新能力方面，通过产学研合作，开展了卓有成效的工作，取得了一大批科研成果和一批产学研合作的制度模式。

下面，根据教育部科学技术司编写的《高等学校科技统计资料汇编》，对新世纪头 10 年我国地区高等教育科研和开发取得的成果作一个分析。

第一节　地区高校教学与科研人员规模

教学与科研人员是指高等学校在册职工在统计年度内，从事大专以上教学、研究与发展、研究与发展成果应用及科技服务工作人员，以及直接为上述工作服务的人员。

2000 年、2010 年各地区高校教学与科研人员规模见表 6-1。

表 6-1　　地区高校教学与科研人员规模　　单位：人

地区	2000 年	2010 年
东部	**306238**	**396259**
北京	54234	62845
天津	17123	20068
河北	23717	29936
辽宁	34197	38285
上海	40083	44220
江苏	46359	51374
浙江	19680	36492
福建	11151	16407
山东	26859	40864
广东	31101	51929
海南	1734	3839
中部	**179261**	**243476**
山西	12173	14704
吉林	26781	25615
黑龙江	26953	36472
安徽	16830	31082
江西	11769	18518
河南	22357	31285
湖北	38721	47487
湖南	23677	38313
西部	**127694**	**172915**
内蒙古	8232	11131
广西	11662	18869
重庆	12688	16315
四川	27173	33766

续表

地区	2000 年	2010 年
贵州	8574	10936
云南	12245	14872
西藏	（未统计）	864
陕西	26460	33746
甘肃	6451	10162
青海	2679	4319
宁夏	2919	5041
新疆	8611	12894

2000～2010 年，东部区域高校教学与科研人员规模由 30.62 万人增加到 39.63 万人，增长 29.40%；中部区域高校教学与科研人员规模由 17.93 万人增加到 24.35 万人，增长 35.82%；西部区域高校教学与科研人员规模由 12.77 万人增加到 17.29 万人，增长 35.41%。中西部区域高校教学与科研人员规模小于东部区域，但增长速度快于东部区域。参见图 6-1。

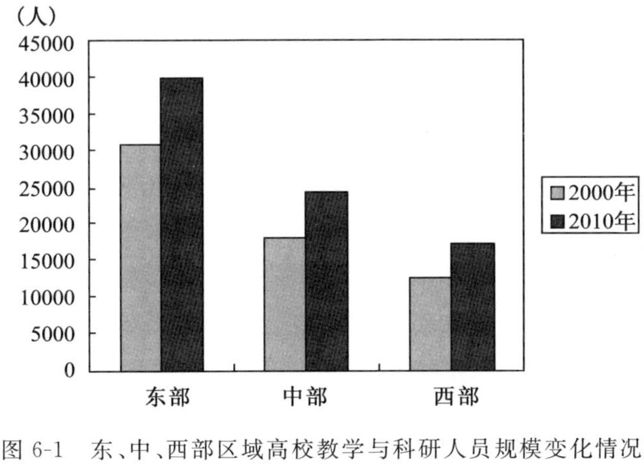

图 6-1　东、中、西部区域高校教学与科研人员规模变化情况

2000～2010 年，高校教学与科研人员规模增长较快的地区有：海南由 1734 人增加到 3839 人，增长 1.21 倍；浙江由 1.97 万人增加到 3.65 万人，增长 85.43%；安徽由 1.68 万人增加到 3.11 万人，增长 84.68%；宁夏由

2919 人增加到 5041 人，增长 72.7%；广东由 3.11 万人增加到 5.19 万人，增长 66.97%。可以看出，东部大多数地区高校教学与科研人员基数较大，增长不明显。而中西部一些省份的高校教学与科研人员基数小，增长明显。

2010 年，高校教学与科研人员规模较大的地区有：北京 6.28 万人，广东 5.19 万人，江苏 5.14 万人，湖北 4.75 万人，上海 4.42 万人，山东 4.09 万人。

第二节　地区高校研究与发展全时人员规模

研究与发展全时人员是指在统计年度内，从事研究与发展的工作时间占本人全部工作时间 90% 及以上的人员。除去寒暑假，一年按 10 个月计，研究与发展的工作时间在 9 个月以上。

2000 年、2010 年各地区高校研究与发展全时人员规模见表 6-2。

表 6-2　　地区高校研究与发展全时人员规模　　单位：人

地区	2000 年	2010 年
东部	**68324**	**103280**
北京	13171	20363
天津	3738	5965
河北	4119	4741
辽宁	6954	11290
上海	8694	15643
江苏	11026	12412
浙江	4110	7772
福建	3006	4011
山东	5819	9970
广东	7488	10855
海南	199	258

续表

地区	2000 年	2010 年
中部	**33998**	**52935**
山西	2878	3876
吉林	5370	9759
黑龙江	4274	9877
安徽	4084	6600
江西	1900	3546
河南	3078	3303
湖北	7789	9333
湖南	4625	6641
西部	**25868**	**40828**
内蒙古	1102	2588
广西	2151	7064
重庆	3379	4324
四川	6758	10737
贵州	593	2047
云南	2638	3390
西藏	（未统计）	374
陕西	6667	7367
甘肃	1929	1716
青海	200	425
宁夏	451	796
新疆	737	1527

2000～2010 年，东部区域高校研究与发展全时人员规模由 6.83 万人增加到 10.33 万人，增长 51.16%；中部区域高校研究与发展全时人员规模由 3.4 万人增加到 5.29 万人，增长 55.7%；西部区域高校研究与发展全时人员规模由 2.59 万人增加到 4.08 万人，增长 57.83%。中西部区域高校研究与

发展全时人员规模小于东部区域，但增长速度略高于东部区域。参见图6-2。

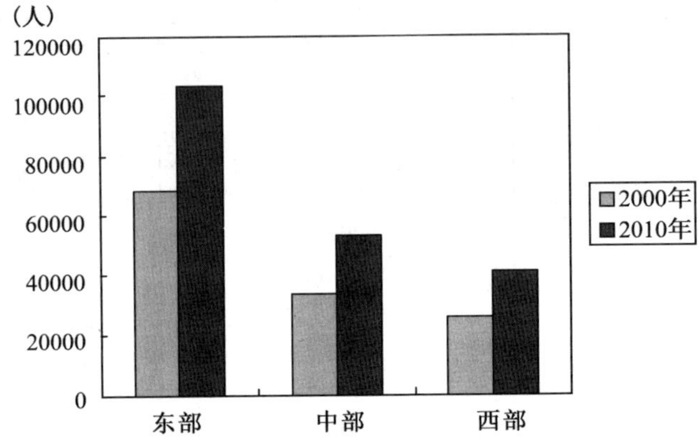

图 6-2　东、中、西部区域高校研究与发展全时人员规模变化情况

2000～2010 年，高校研究与发展全时人员规模增长较快的地区有：贵州由 593 人增加到 2047 人，增长 2.45 倍；广西由 2151 人增加到 7064 人，增长 2.28 倍；内蒙古由 1102 人增加到 2588 人，增长 1.34 倍；黑龙江由 4274 人增加到 9877 人，增长 1.31 倍；青海由 200 人增加到 425 人，增长 1.13 倍；新疆由 737 人增加到 1527 人，增长 1.07 倍。

2010 年，高校研究与发展全时人员规模较大的地区有：北京 2.04 万人，上海 1.56 万人，江苏 1.24 万人，辽宁 1.13 万人，广东 1.09 万人，四川 1.07 万人。

第三节　地区高校 R&D 成果应用及科技服务全时人员规模

高等学校 R&D 成果应用及科技服务全时人员是指在统计年度内，从事 R&D 成果应用及科技服务的工作时间占本人全部工作时间 90% 及以上的人员。

2000 年、2010 年各地区高等学校 R&D 成果应用及科技服务全时人员规模见表 6-3。

表 6-3 地区高等学校 R&D 成果应用及科技服务全时人员规模 单位：人

地区	2000 年	2010 年
东部	**15283**	**16763**
北京	2532	1248
天津	517	351
河北	637	929
辽宁	1689	987
上海	2542	3395
江苏	3245	4532
浙江	1177	1295
福建	480	339
山东	1049	2023
广东	1383	1657
海南	32	7
中部	**6475**	**5718**
山西	303	152
吉林	1304	409
黑龙江	1273	900
安徽	632	764
江西	148	418
河南	581	438
湖北	1645	1605
湖南	589	1032
西部	**4371**	**3850**
内蒙古	130	83
广西	278	506
重庆	964	699
四川	887	712

续表

地区	2000 年	2010 年
贵州	106	64
云南	195	191
西藏	（未统计）	（未统计）
陕西	1706	1459
甘肃	101	91
青海	0	44
宁夏	4	1
新疆	81	64

2000～2010 年，东部区域高校 R&D 成果应用及科技服务全时人员规模由 1.53 万人增加到 1.68 万人，增长 9.68%；中部区域高校 R&D 成果应用及科技服务全时人员规模由 0.65 万人下降到 0.57 万人，下降 11.69%；西部区域高校 R&D 成果应用及科技服务全时人员规模由 0.44 万人下降到 0.39 万人，下降 11.92%。参见图 6-3。

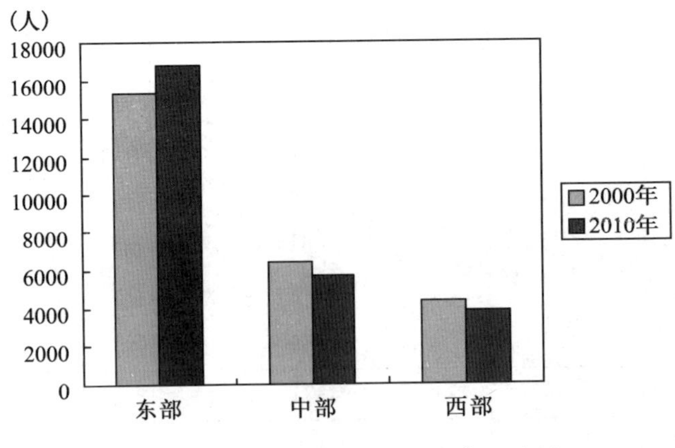

图 6-3　东、中、西部区域高校 R&D 成果应用及科技服务全时人员规模变化情况

2010 年，高校 R&D 成果应用及科技服务全时人员规模较大的地区有：江苏 4532 人，上海 3395 人，山东 2023 人，广东 1657 人，湖北 1605 人，陕西

1459人，浙江1295人，北京1248人，湖南1032人。而一些地区高校R&D成果应用及科技服务全时人员明显较少，例如宁夏仅有1人、海南仅有7人。

第四节　地区高校科技经费拨入情况

高校科技拨入经费包括科研事业经费、主管部门专项费、其他政府部门专项费、企事业单位委托经费，以及各种收入中转为科技经费的部分。其中，科研事业费是指学校上级主管部门从科学事业费、教育事业费中通过切块和按项目戴帽下达，以及学校从教育事业费中安排的研究经费。主管部门专项费是指学校上级主管部门从科技三项费、技术措施改造费中为学校安排的研究经费。企事业单位委托经费是指学校从校外企事业单位获得的研究经费，包括中科院所属各研究单位拨付学校的经费。

2000年、2010年各地区高校科技经费拨入情况见表6-4。

表6-4　地区高校科技经费拨入情况　单位：亿元

地区	2000年	2010年
东部	**92.29**	**586.77**
北京	27.21	180.78
天津	4.94	26.92
河北	2.82	13.17
辽宁	7.60	38.26
上海	16.28	93.13
江苏	15.21	93.58
浙江	7.79	51.93
福建	1.54	13.65
山东	3.30	30.34
广东	5.48	43.88
海南	0.12	1.13

续表

地区	2000年	2010年
中部	**30.19**	**197.5**
山西	1.67	7.21
吉林	2.69	19.19
黑龙江	6.15	34.77
安徽	4.03	24.08
江西	0.54	10.61
河南	1.58	12.63
湖北	8.63	58.18
湖南	4.90	30.83
西部	**19.96**	**153.62**
内蒙古	0.33	4.38
广西	0.89	7.38
重庆	2.15	16.96
四川	4.76	44.80
贵州	0.29	2.93
云南	0.97	6.51
西藏	（未统计）	0.41
陕西	9.63	61.39
甘肃	0.82	7.04
青海	0.03	0.96
宁夏	0.09	0.86
新疆	0.38	2.36

2000～2010年，东部区域高校科技拨入经费由92.29亿元增加到586.77亿元，增长5.36倍；中部区域高校科技拨入经费由30.19亿元增加到197.5亿元，增长5.54倍；西部区域高校科技拨入经费由19.96亿元增加到153.62亿元，增长6.7倍。可以看出，在高校科技拨入经费规模上，东、

中、西部区域呈现出阶梯性下降的局面。但西部高校科技经费增长速度快于东部和中部。参见图 6-4。

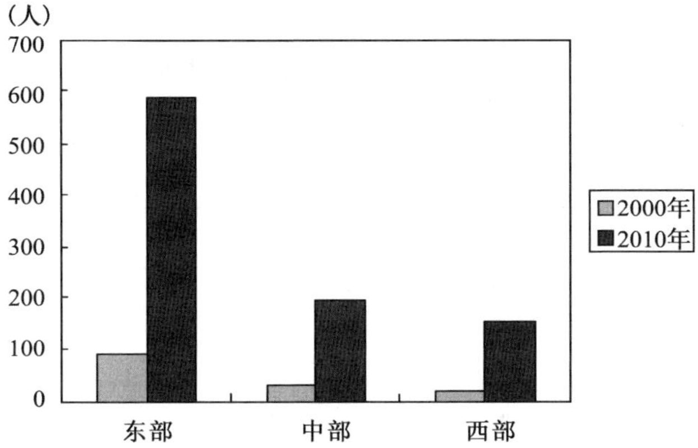

图 6-4　东、中、西部区域高校科技拨入经费变化情况

就地区而言，2000～2010 年各地区高校科技拨入经费均有了较大幅度的增加。其中，增长较快的地区有：青海，由 0.03 亿元增加到 0.96 亿元，增长 31 倍；江西，由 0.54 亿元增加到 10.61 亿元，增长 18.65 倍；内蒙古，由 0.33 亿元增加到 4.38 亿元，增长 12.27 倍；贵州，由 0.29 亿元增加到 2.93 亿元，增长 9.1 倍；宁夏，由 0.09 亿元增加到 0.86 亿元，增长 8.56 倍。

2010 年，高校科技拨入经费规模较大的地区是北京(180.78 亿元)、江苏(93.58 亿元)、上海(93.13 亿元)、陕西(61.39 亿元)、湖北(58.18 亿元)。

第五节　地区高校科技成果获国家奖情况

目前，高校科研活动形式多样，科研成果亦具有多种形式，如论文、专著、专利、各级各类课题项目、科技攻关项目等。人们对科研成果的评价也有多种方式，如 SCI 论文数量、SSCI 论文数量、EI 论文数量、专著数量、专利数量、各级各类奖项和证书数量等。

国家自然科学奖、国家发明奖、国家科技进步奖是评价地区高校科研业绩的综合指标，也是评价地区高等教育科研水平的重要参量。国家奖包括国家最高科学技术奖、国家自然科学奖(含一、二等奖)、国家发明奖(含一、二等奖)、国家科技进步奖(含一、二等奖)。国务院各部门科技进步奖、各省市区科技进步奖未计入。为此,本报告对 2000 年、2010 年各地区高校科技成果获国家奖情况进行了统计。参见表 6-5。

表 6-5　　地区高校科技成果获国家奖情况　　单位:项

地区	2000 年	2010 年
东部	**92**	**219**
北京	21	73
天津	4	7
河北	4	2
辽宁	9	18
上海	14	34
江苏	11	32
浙江	5	16
福建	1	2
山东	16	17
广东	7	18
海南	0	0
中部	**36**	**71**
山西	3	1
吉林	4	7
黑龙江	12	8
安徽	0	4
江西	1	1
河南	2	6
湖北	8	34
湖南	6	10

续表

地区	2000年	2010年
西部	**17**	**38**
内蒙古	1	2
广西	1	1
重庆	3	3
四川	9	13
贵州	0	0
云南	0	2
西藏	（未统计）	0
陕西	2	16
甘肃	1	0
青海	0	1
宁夏	0	0
新疆	0	1

2000～2010年，东部区域高校科技成果获得的国家奖数目由92项增加到219项，增长1.38倍；中部区域高校科技成果获得的国家奖数目由36项增加到71项，增长0.97倍；西部区域高校科技成果获得的国家奖数目由17项增加到38项，增长1.24倍。可以看出，东部地区高校具有明显的优势。

2010年，高校科技成果获得的国家奖数目较多的地区有：北京73项，上海和湖北34项，江苏32项，辽宁和广东18项，山东17项，浙江和陕西16项，四川13项，湖南10项。

第六节　地区高等学校R&D成果应用及科技服务情况

目前，我国高校科技项目包括：研究与发展项目，R&D成果应用项目，科技服务项目。新世纪以来，随着高校科技开发水平的不断提高，各高校通过开展前沿技术研究、社会公益研究，努力解决国民经济重大科技问题，成为科技原始创新、技术转移、成果转化的生力军。

为了反映各地区高等教育服务经济社会发展的能力，下面对各地区高校 R&D 成果应用及科技服务项目实施情况进行分析。2000 年、2010 年各地区高校 R&D 成果应用及科技服务项目实施情况见表 6-6。

表 6-6　　地区高校 R&D 成果应用及科技服务项目情况　　单位：项

地区	2000 年	2010 年
东部	**10582**	**34422**
北京	578	3626
天津	323	778
河北	291	1243
辽宁	1130	1794
上海	2988	5109
江苏	2060	9187
浙江	1597	3141
福建	221	1323
山东	490	3345
广东	882	4850
海南	22	26
中部	**2952**	**11996**
山西	130	208
吉林	286	325
黑龙江	447	1131
安徽	318	1254
江西	139	1054
河南	323	1381
湖北	867	4767
湖南	442	1876

续表

地区	2000 年	2010 年
西部	**2382**	**8820**
内蒙古	77	127
广西	102	491
重庆	229	1211
四川	625	1446
贵州	40	121
云南	93	375
西藏	（未统计）	1
陕西	1104	4700
甘肃	53	206
青海	（未统计）	78
宁夏	15	6
新疆	44	58

2000～2010 年，东部区域高校 R&D 成果应用及科技服务项目数由 10582 项增加到 34422 项，增长 2.25 倍；中部区域高校 R&D 成果应用及科技服务项目数由 2952 项增加到 11996 项，增长 3.06 倍；西部区域高校 R&D 成果应用及科技服务项目数由 2382 项增加到 8820 项，增长 2.7 倍。参见图 6-5。

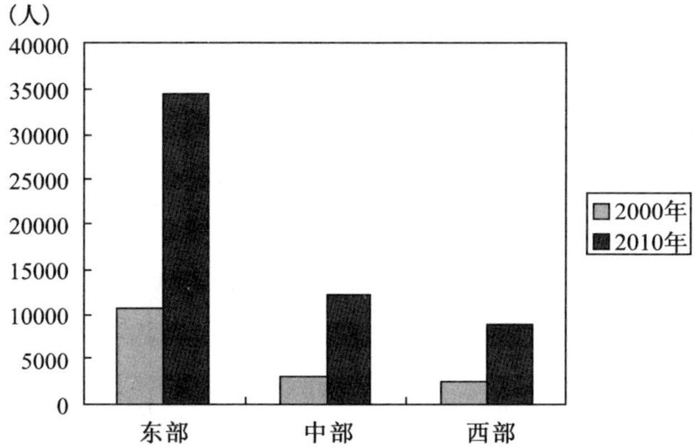

图 6-5　东、中、西部区域高校 R&D 成果应用及科技服务项目数量变化情况

2010 年,高校 R&D 成果应用及科技服务项目数较多的地区有:江苏 9187 项,上海 5109 项,广东 4850 项,湖北 4767 项,陕西 4700 项,北京 3626 项,山东 3345 项,浙江 3141 项。在科技成果应用和科技服务方面,东部区域高校具有明显的优势。

第七节　地区高校科技成果转让情况

向企业转让科技成果是高校开展科技服务的重要途径。通过科技成果转让,高校积极争取地方政府、企业的投资、资助以及获得技术转让费、技术服务费、企业培训费等,使学校财政收入多元化。

2000 年,全国高等学校签订的科技成果转让合同数共计 4946 项,其中包括国有企业 2906 项;集体企业,618 项;私营企业,502 项;外资企业,197 项;其他单位,723 项。技术转让合同金额达到 17.88 亿元,实际收入 11.85 亿元。2010 年,全国高等学校签订的科技成果转让合同数共计 9159 项,其中包括国有企业 2811 项、民营企业 4816 项、外资企业 549 项、其他单位 983 项。技术转让合同金额达到 33.34 亿元,实际收入 20.82 亿元。

2000 年、2010 年各地区高校签订的科技成果转让合同数见表 6-7。

表 6-7　　地区高校签订的科技成果转让合同数　　单位:项

地区	2000 年	2010 年
东部	**3727**	**5238**
北京	1159	1009
天津	463	239
河北	117	267
辽宁	130	313
上海	652	834
江苏	660	1231
浙江	178	603
福建	29	156

续表

地区	2000 年	2010 年
山东	210	287
广东	127	291
海南	2	8
中部	**808**	**2325**
山西	17	66
吉林	27	169
黑龙江	46	180
安徽	106	1012
江西	26	55
河南	124	193
湖北	364	405
湖南	98	245
西部	**411**	**1596**
内蒙古	1	19
广西	10	56
重庆	64	679
四川	215	245
贵州	4	7
云南	（未统计）	15
西藏	（未统计）	（未统计）
陕西	98	503
甘肃	17	11
青海	（未统计）	（未统计）
宁夏	1	1
新疆	1	60

可以看出，2000～2010年，东部区域高校签订的科技成果转让合同数由3727项增加到5238项，增长40.54%；中部区域高校签订的科技成果转让合同数由808项增加到2325项，增长1.88倍；西部区域高校签订的科技成果转让合同数由411项增加到1596项，增长2.88倍。就签订的合同数增长速度而言，西部高校最快，中部高校次之，东部高校较慢。参见图6-6。

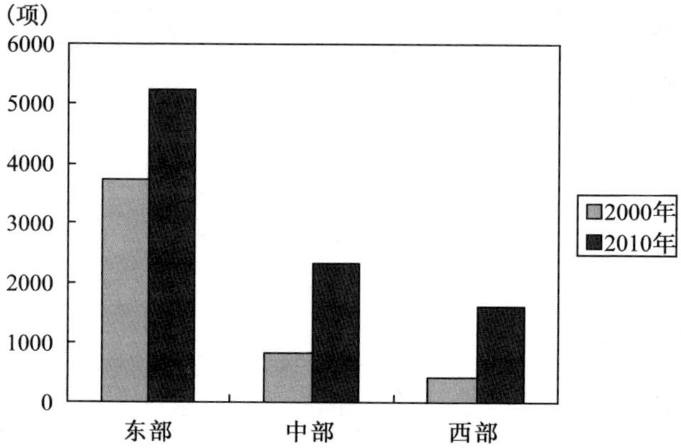

图6-6 东、中、西部区域高校签订的科技成果转让合同数量变化情况

2010年，高校签订的科技成果转让合同数较多的地区有：江苏1231项，安徽1012项，北京1009项，上海834项。

2000年、2010年各地区高校科技成果转让实际收入见表6-8。

表6-8　　地区高校科技成果转让实际收入　　单位：亿元

地区	2000年	2010年
东部	**10.394**	**14.225**
北京	5.55	4.71
天津	0.72	0.95
河北	0.07	0.53
辽宁	0.23	0.49
上海	1.37	2.44
江苏	1.39	2.35
浙江	0.33	1.01

续表

地区	2000 年	2010 年
福建	0.06	0.16
山东	0.33	0.56
广东	0.34	1.02
海南	0.004	0.005
中部	**1.02**	**3.84**
山西	0.03	0.03
吉林	0.09	0.13
黑龙江	0.21	0.11
安徽	0.11	1.12
江西	0.03	0.35
河南	0.14	0.66
湖北	0.29	0.36
湖南	0.12	1.08
西部	**0.428**	**2.783**
内蒙古	0.002	0.07
广西	0.004	0.06
重庆	0.07	1.19
四川	0.16	0.41
贵州	0.01	0.002
云南	(未统计)	0.08
西藏	(未统计)	(未统计)
陕西	0.16	0.95
甘肃	0.02	0.01
青海	(未统计)	(未统计)
宁夏	0	0.001
新疆	0.002	0.01

从表中可以看出,我国高校科技成果转让收入还处于较低的水平。相比较而言,东部区域高校科技成果转让收入更高些。

第七章　加大地区高等教育经费投入力度

新世纪以来，在国家教育优先发展战略、科教兴国战略指引下，国家财政性高等教育经费投入逐年增加。2003～2010年，国家高等学校财政性经费投入规模分别达到876.87亿元、1009.84亿元、1128.54亿元、1302.52亿元、1648.12亿元、2062.46亿元、2327.38亿元、2965.32亿元，高等学校财政性经费投入年增长率分别为11.40%、15.20%、11.80%、15.40%、26.50%、25.14%、12.84%、27.41%。

第一节　地区地方高校经费投入规模

在中央和省级政府两级管理、以省级政府管理为主的高等教育管理体制下，部属高校的财政拨款主要由中央财政负担，地方高校的财政拨款主要由地方财政负担。但由于各地区经济发展水平存在较大的差距，各地区高校经费投入存在较大的差距。

根据教育部财务司、国家统计局社会和科技统计司编《中国教育经费统计年鉴》，我们可以将2003年、2010年各地区地方高校经费投入情况列表如下(表7-1)。

表 7-1　　地区地方高校经费投入规模　　单位:亿元

地区	2000 年	2010 年
东部	**594.99**	**1953.99**
北京	54.09	155.35
天津	28.00	87.66
河北	49.01	145.43
辽宁	61.38	166.87
上海	54.10	147.10
江苏	87.32	324.05
浙江	67.78	244.99
福建	30.63	116.46
山东	63.81	220.43
广东	95.15	316.78
海南	5.42	28.87
中部	**297.59**	**1048.61**
山西	24.84	87.65
吉林	25.60	95.59
黑龙江	40.41	105.95
安徽	31.01	111.46
江西	35.74	136.14
河南	50.30	203.97
湖北	43.54	161.25
湖南	46.15	146.6
西部	**218.58**	**879.77**
内蒙古	16.05	83.26
广西	23.11	92.03
重庆	24.94	94.58
四川	40.03	176.63

续表

地区	2000 年	2010 年
贵州	15.31	59.58
云南	23.36	83.39
西藏	2.28	8.28
陕西	35.71	145.74
甘肃	14.89	51.72
青海	3.44	10.87
宁夏	3.79	16.42
新疆	15.67	57.27

从表 7-1 可以看出，2003～2010 年，东部区域地方高校经费投入规模由 594.99 亿元增加到 1953.99 亿元，增长 2.28 倍；中部区域地方高校经费投入规模由 297.59 亿元增加到 1048.61 亿元，增长 2.52 倍；西部区域地方高校经费投入规模由 218.58 亿元增加到 879.77 亿元，增长 3.02 倍。可以看出，近年来地方高等教育经费投入增长明显，而且呈现出西部区域快于中部区域、中部区域快于东部区域的特点。参见图 7-1。

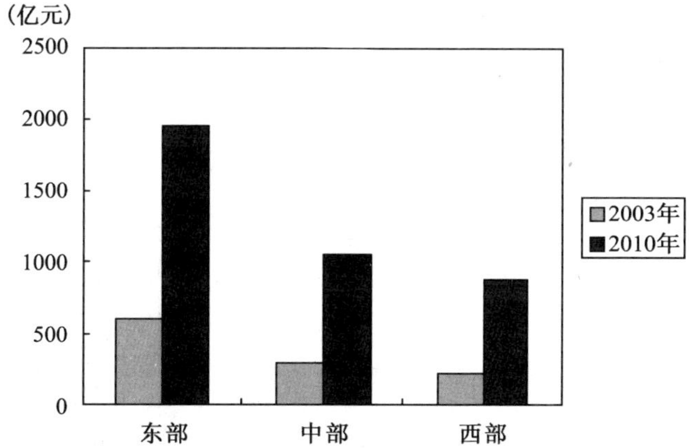

图 7-1　东、中、西部区域地方高校经费投入规模变化情况

2003～2010 年，随着地方经济的快速发展，各地区加大了对高等教育经费的投入。其中，地方高校经费投入规模增长最快的地区是海南，由 5.42 亿

元增加到 28.87 亿元，增长 4.33 倍；其次是内蒙古，由 16.05 亿元增加到 83.26 亿元，增长 4.19 倍。其他增长较快的地区是：四川由 40.03 亿元增加到 176.63 亿元，增长 3.41 倍；宁夏由 3.79 亿元增加到 16.42 亿元，增长 3.33 倍；陕西由 35.71 亿元增加到 145.74 亿元，增长 3.08 倍；河南由 50.3 亿元增加到 203.97 亿元，增长 3.06 倍。参见图 7-2、图 7-3、图 7-4。

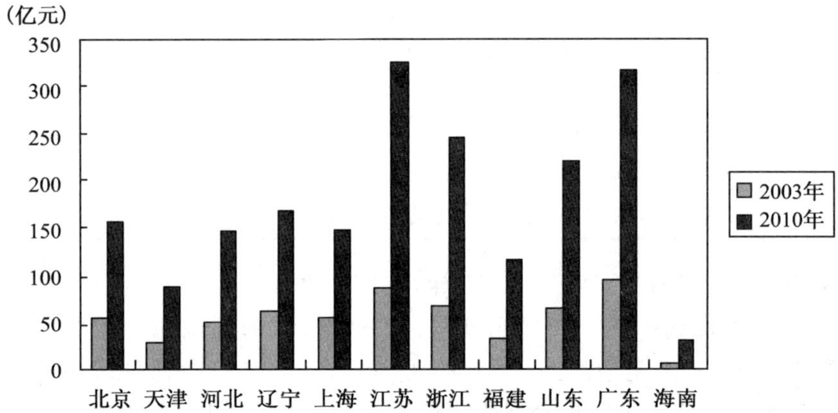

图 7-2　东部区域地方高校经费投入规模变化情况

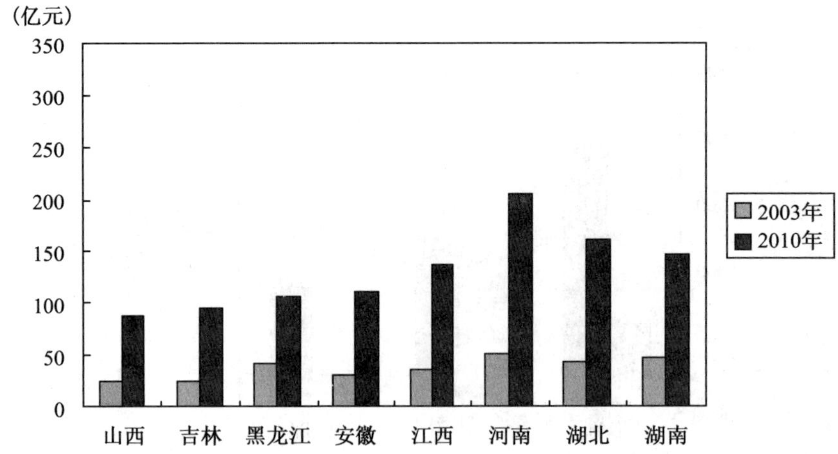

图 7-3　中部区域地方高校经费投入规模变化情况

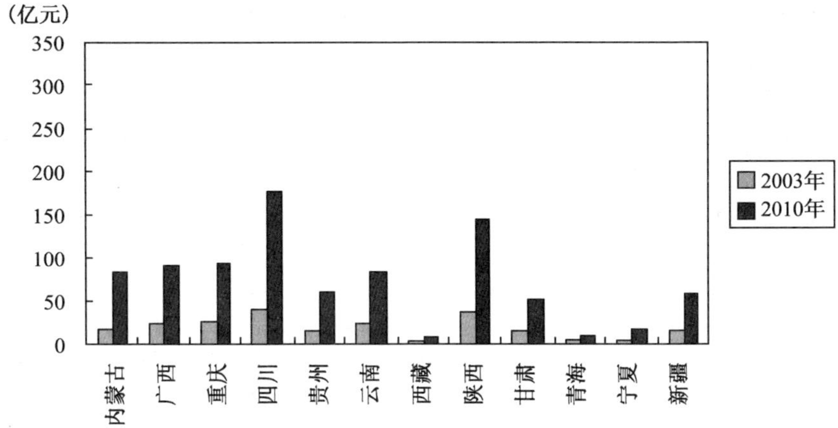

图 7-4　西部区域地方高校经费投入规模变化情况

2010 年，地方高校经费投入规模超过 200 亿元的地区有：江苏，324.05 亿元；广东，316.78 亿元；浙江，244.99 亿元；山东，220.43 亿元；河南，203.97 亿元。

第二节　地区地方普通高校生均教育经费支出水平

按照现行财政体制和“分级办学，分级管理”的高校管理体制，地方高校主要由地方政府管理。新世纪以来，随着各地经济规模、经济发展水平的不断提高，各地在办学规模快速扩张的情况下，地方普通高校生均教育经费仍然有了较大的增长。但地方高校总体投入水平仍然偏低，地区间差异较大。

为了促进区域之间高等教育协调发展，引导和鼓励各地切实加大地方高等教育财政投入，从 2010 年起，中央财政建立了“以奖代补”机制。对于生均拨款水平已经达到 12000 元的省份，在生均拨款水平没有下降的情况下，中央财政每年给予定额奖励。对于生均拨款水平尚未达到 12000 元的省份，中央财政对各省份提高生均拨款水平所需经费按一定比例进行奖补。

下面根据教育部财务司、国家统计局社会和科技统计司编《中国教育经费统计年鉴》，我们可以将 2003 年、2010 年各地区地方普通高校生均教育经费支出情况列表如上（表 7-2）。

表 7-2　　地区地方普通高校生均教育经费支出　　单位:元

地区	2000 年	2010 年
东部		
北京	24578.49	42216.75
天津	18909.06	22794.63
河北	11114.02	13690.22
辽宁	11028.47	16749.88
上海	20880.06	29423.13
江苏	12505.28	19991.37
浙江	19913.28	25913.46
福建	12613.18	17069.25
山东	9872.99	12720.25
广东	22254.88	21599.50
海南	10477.24	15650.37
中部		
山西	10833.58	12559.93
吉林	9713.94	15135.10
黑龙江	10666.17	13906.30
安徽	9131.37	11336.41
江西	9757.03	13120.92
河南	12913.15	11347.65
湖北	11645.57	14557.63
湖南	9875.99	11687.61
西部		
内蒙古	8051.64	16725.69
广西	10768.86	13279.92
重庆	11790.73	17148.84
四川	8628.19	16351.14

续表

地区	2000 年	2010 年
贵州	7592.37	14689.70
云南	11979.61	17367.66
西藏	22278.95	22837.49
陕西	9971.87	15758.24
甘肃	9580.90	11678.34
青海	8557.32	18284.73
宁夏	12003.74	17205.47
新疆	9541.67	19321.27

2003～2010 年，地方普通高等学校生均教育经费支出水平增长较快的省份有：青海由 8557.32 元增加到 18284.73 元，增长 1.14 倍；内蒙古由 8051.64 元增加到 16725.69 元，增长 1.08 倍；新疆由 9541.67 元增加到 19321.27 元，增长 1.02 倍；贵州由 7592.37 元增加到 14689.7 元，增长 93.48%；四川由 8628.19 元增加到 16351.14 元，增长 89.51%；北京由 24578.49 元增加到 42216.75 元，增长 71.76%。可以看出，近年来西部区域地方普通高等学校生均教育经费支出水平增长明显，快于东部、中部区域。参见图 7-5、图 7-6、图 7-7。

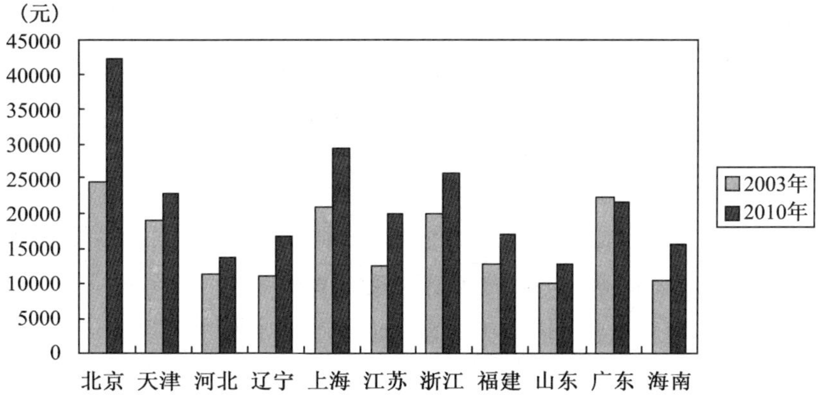

图 7-5 东部区域地方高等学校生均教育经费支出水平变化情况

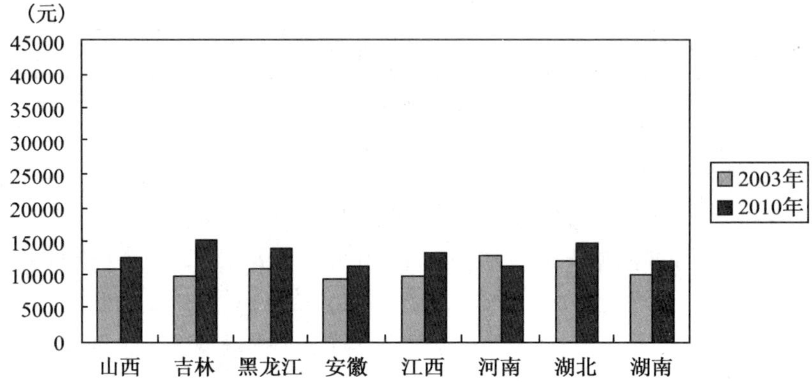

图 7-6　中部区域地方高等学校生均教育经费支出水平变化情况

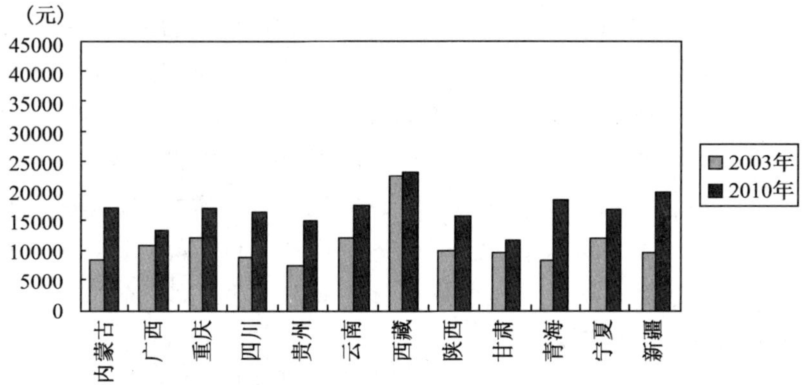

图 7-7　西部区域地方高等学校生均教育经费支出水平变化情况

2010 年,地方普通高等学校生均教育经费支出水平位于前三位的地区是:北京,42216.75 元;上海,29423.13 元;浙江,25913.46 元。

第八章　地区高等教育人口比例普遍提高

为了满足国家现代化建设对高素质人才的需求，满足社会接受高等教育的迫切愿望，1999 年中央作出了“扩大高等教育规模”的重大决策。1999 年普通高校招生规模达到 159.68 万人，较 1998 年增加 47.4%；2000 年招生规模达到 220.61 万人，增幅为 38.16%。2001～2006 年普通高校扩招比例分别达到 21.61%、19.46%、19.24%、17.05%、12.78%、7.14%。2012 年，全国各类高等教育总规模达到 3325 万人，其中普通高等教育在校生 2391.32 万人。高等教育毛入学率达到 30%。

高等教育办学规模的不断扩大，不仅满足了社会接受高等教育的需求，而且为社会提供了数以千万计的高素质人才，提高了我国人口的平均受教育水平。

第一节　地区常住人口接受高等教育比例

地区常住人口接受高等教育比例是指地区每 10 万常住人口（居住时间半年以上）中接受高等教育的人口数。

改革开放以来，尤其是近年来，我国人口中大专及以上受教育程度人数迅速增加。1982～1990 年，具有大专及以上教育程度人口占总人口的比重从 0.6%提高到 1.4%，年均增加 0.1 个百分点；1990～2000 年从 1.4%提高到 3.6%，年均增加 0.2 个百分点；2000～2007 年从 3.6%提高到 6.2%，年均增加 0.3 个百分点。由于近年来高等教育办学规模保持在一个稳步增长的态势，大部分地区常住人口接受高等教育的比例呈现增长的态势。

下面依据2000年第五次全国人口普查数据、2010年第六次全国人口普查数据，列出各地区每10万常住人口中接受高等教育的人口数(包括各级各类高等教育的毕业生、肄业生和在校生)。见表8-1。

表8-1　　地区每10万人口中接受高等教育的人口数　　单位:人

地区	2000年	2010年	增长倍数
东部			
北京	16839	31499	0.87
天津	9007	17480	0.94
河北	2698	7296	1.70
辽宁	6182	11965	0.94
上海	10940	21952	1.01
江苏	3917	10815	1.76
浙江	3189	9330	1.93
福建	2967	8361	1.82
山东	3331	8694	1.61
广东	3560	8214	1.31
海南	3180	7768	1.44
中部			
山西	3422	8721	1.55
吉林	4926	9890	1.01
黑龙江	4797	9067	0.89
安徽	2297	6697	1.92
江西	2576	6847	1.66
河南	2674	6398	1.39
湖北	3898	9533	1.45
湖南	2926	7595	1.60

续表

地区	2000 年	2010 年	增长倍数
西部			
内蒙古	3803	10208	1.68
广西	2389	5977	1.50
重庆	2802	8643	2.08
四川	2470	6675	1.70
贵州	1914	5292	1.76
云南	2013	5778	1.87
西藏	1282	5507	3.30
陕西	4138	10556	1.55
甘肃	2665	7520	1.82
青海	3300	8620	1.61
宁夏	3690	9152	1.48
新疆	5127	10635	1.07

从表中可以看出，2000～2010 年我国各地区接受高等教育的人口比例均有了明显的上升。其中，西藏增长最快，增长倍数达到 3.30；其次是重庆，增长倍数达到 2.08。其他增长明显的地区包括浙江（1.93）、安徽（1.92）、云南（1.87）、甘肃（1.82）、福建（1.82）、贵州（1.76）、江苏（1.76）等。

下面以 2000 年、2010 年数据为例，通过图示反映近年来各地区接受高等教育人口数的变化。可以看出，北京、上海、天津每 10 万常住人口中接受高等教育人口数较其他省（自治区、直辖市）有较大的优势。参见图 8-1、图 8-2、图 8-3。

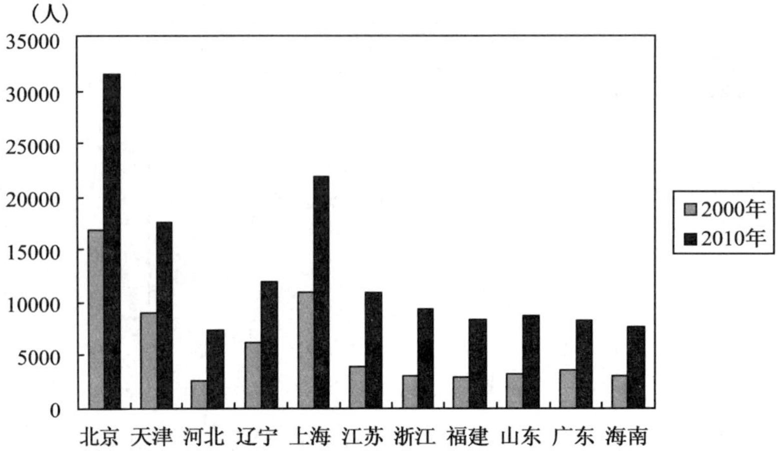

图 8-1　东部区域接受高等教育人口数的变化情况

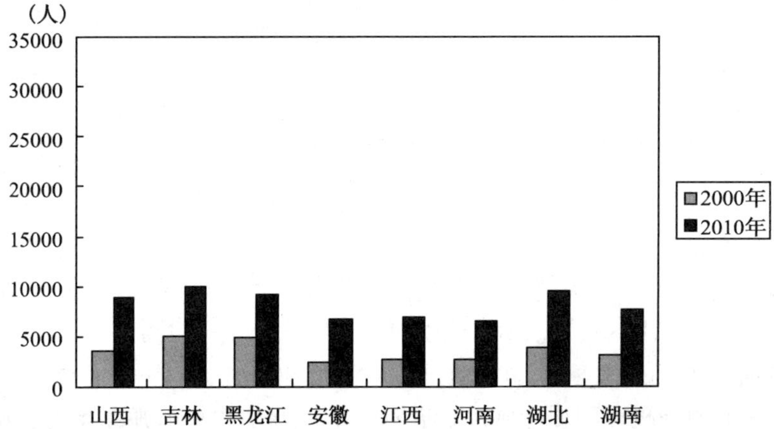

图 8-2　中部区域接受高等教育人口数的变化情况

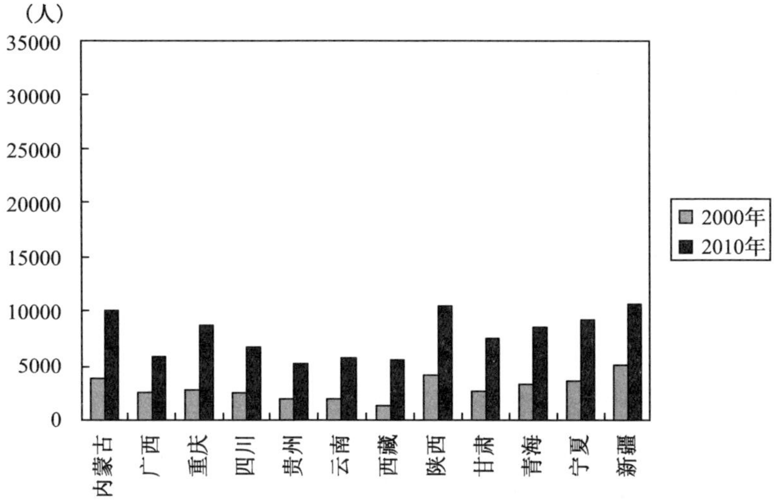

图 8-3 西部区域接受高等教育人口数的变化情况

第二节 地区高等教育程度就业人口比例

地区就业人口是指16岁及以上的从事经济活动的人口数。地区高等教育程度就业人口比例是指地区就业总人口中接受过高等教育的人口数。

本报告以2010年全国人口普查数据为基础(相关就业人口统计数据是按10%的户数进行抽样填报的),对各地高等教育程度就业人口比例进行一下分析。高等教育程度就业人口包括了研究生、本科生和专科生。地区就业人口和大专以上就业人口情况见表8-2。

表 8-2　　地区就业总人口和大专以上就业人口情况　　单位:人

地区	就业总人口	大专以上就业人口	比例
东部			
北京	977387	381024	38.98%
天津	550787	118535	21.52%
河北	4004477	307404	7.68%
辽宁	2345361	318217	13.57%

续表

地区	就业总人口	大专以上就业人口	比例
上海	1251461	354296	28.31%
江苏	4486706	536162	11.95%
浙江	3280387	379265	11.56%
福建	1950006	194414	9.97%
山东	5694220	504296	8.86%
广东	5525078	592946	10.73%
海南	426823	38570	9.04%
中部			
山西	1729275	186917	10.81%
吉林	1429001	152049	10.64%
黑龙江	1868107	191633	10.26%
安徽	2897236	218154	7.53%
江西	2251205	161383	7.17%
河南	5006277	341277	6.82%
湖北	3035863	279351	9.20%
湖南	3389354	267520	7.89%
西部			
内蒙古	1285021	159494	12.41%
广西	2447946	180077	7.36%
重庆	1374581	142655	10.38%
四川	4688003	328603	7.01%
贵州	1676240	118654	7.08%
云南	2668421	173164	6.49%
西藏	147821	10496	7.10%
陕西	1996061	209297	10.49%
甘肃	1414319	114836	8.12%

续表

地区	就业总人口	大专以上就业人口	比例
青海	290469	33425	11.51%
宁夏	327094	41667	12.74%
新疆	1133002	157075	13.86%

各地区高等教育程度就业人口比例见图 8-4。

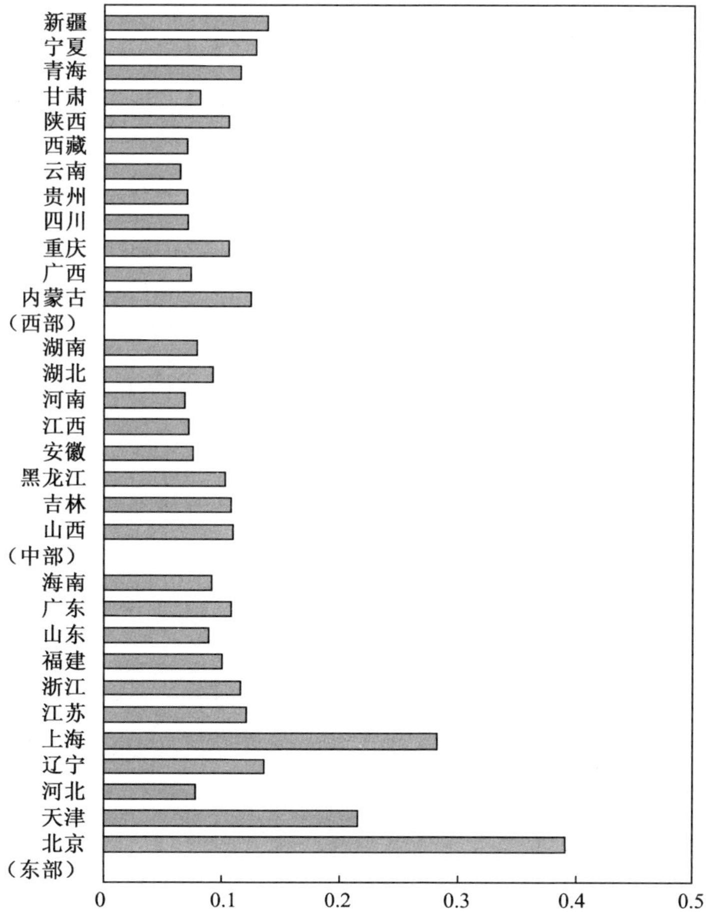

图 8-4　地区高等教育程度就业人口比例

可以看出，北京、上海、天津的高等教育程度就业人口比例位居全国前三位。处于中西部区域的新疆、宁夏、内蒙古、青海、山西、吉林等省份就业人口中高校毕业生的比例较高。反过来，东部区域的河北、山东、海南等地区就业人口中高校毕业生的比例偏低。